고등 국어 1등급을 위한
중학 국어 만점공부법

고등 국어
1등급을 위한
중학 국어
만점공부법

서정재 지음

MIXCOFFEE

중학교 국어 공부,
어떻게 시작할까?

국어가 어려운 이유

제가 근무하는 중학교에서 아이들에게 국어가 어려운 이유에 대해 질문해봤습니다. 몇몇 학생은 어려움이 없다며 답변을 하지 않았지만, 대체적으로는 아주 다양한 답변을 내놓았습니다.

"문학을 이해하기 어렵다."

"국어 전문 용어 자체가 어렵다."

"문법에서 발음 기호를 외우기가 어렵다."

"문학과 비문학 이해 능력이 떨어져서 문장을 이해하는 데 어렵다."

"국어의 다양한 어휘를 이해하기 어렵다."

"긴 글을 읽고 문제를 푸는 것이 어렵다."

다양한 답변이 나왔지만, 여기엔 공통점이 있습니다. 그것은 바로 "이해가 안 된다."라는 것이죠. 그렇다면 왜 이해가 안 되는 걸까요? 가장 쉽게 답할 수 있는 건 어휘력과 독서 경험의 차이 때문이라는 겁니다. 예를 들어 어렸을 때부터 체계적으로 많은 책을 읽고 어휘 학습을 한 학생과 그렇지 않은 학생이 있다고 합시다. 두 학생 중 누가 글의 중심 내용과 핵심을 더 잘 파악할 수 있을까요? 당연히 많은 책을 읽고 어휘 학습을 한 학생일 것입니다.

그렇다면 우리는 "늦었을 때가 진짜 늦은 거다."라고 외치며 포기해야 할까요? 당연히 아닙니다. 물론 이미 풍부한 독서와 많은 활동을 한 친구가 상대적으로 나보다 앞설 수 있습니다. 하지만 우리는 지금부터 책을 읽으며 국어를 잘하기 위한 기초를 쌓을 수 있습니다. 물론 여러분이 이 책에 나온 안내를 충실히 따라온다면 말이죠.

국어를 잘하면 좋은 이유

EBS에서 방영한 한 다큐멘터리에서 출연자들이 문해력과 관련된 간단한 수학 문제를 풀었습니다. 그런데 출연자 3명 중 단 한 명도 주어진 시간에 문제를 맞히지 못했습니다. 왜 그랬을까요? 그 이유는 문해력 때문이었습니다. 문해력은 우리가 앞으로 배울 읽기 영역과 관련이 깊습니다. 실제로 문해력은 읽기 영역뿐만 아니라 국어의 전 영역을 포함해 다른 학습 영역에도 중요한 영향을 미칩니다. 다른 사례를 좀 더 살펴봅시다.

취업포털 '인크루트'는 직장인과 자영업자 등 1,310명을 대상으로 '현대인의 문해·어휘력 실태'에 관한 설문조사와 간단한 테스트를 진행했다고 한다. 먼저 보고서나 기획안 등 비교적 내용이 길고 전문용어가 많은 비즈니스 문서를 읽을 때 어려움을 느끼는지 응답자에게 물었다. 그 결과 △대부분 느낀다(6.3%) △종종 느낀다(44.5%)로 응답자의 과반은 글을 읽고 의미를 이해하는 일에 어려움을 느낀다고 답했다. 반면 △거의 느끼지 않음(40.4%) △전혀 느끼지 않음(8.8%) 등 절반 가까운 사람은 문해·어휘력이 부족하지 않다고 자평했다. *

교육부·국가평생교육진흥원은 지난해 10월부터 올해 1월까지 실시한 '제3차 성인 문해능력 조사'에서 기본적인 읽기와 쓰기에 어려움을 겪는 성인이 약 200만 명이고, 전체 성인의 20%인 약 900만 명이 수준3 이하의 문해력이라고 발표했다. 수준3은 중학생 정도의 문해력을 뜻하는데, 사회생활을 원활히 하기는 힘든 수준이다. **

위의 두 기사를 보면, 현재 문해력이 많은 이슈가 되고 있는 걸 알 수 있습니다. 그런데 국어 공부가 문해력 공부는 아닙니다. 이 책에서는 문해력만을 위한 공부를 하지 않을 것입니다. 문해력을 포함해 여러 영역의 기초를 쌓는 것에 더 집중할 것입니다. 왜냐하면 우리가 일상생활에서 겪는 상황은 단순히 문해력만이 아닌 듣기·말하기 상황이나 작문 상황 등

---

* 이다견, '인크루트 설문, 현대인 과반 문해력 부족으로 업무상 어려움 느껴', 공감신문, 2021년 9월 14일
** 이영규, '성인 100명 중 5명 문해력 낮아… 초등 1~2 수준', 조선에듀, 2021년 9월 7일

폭넓기 때문이죠. 저는 많은 학생이 어렵다고 생각하는 부분과 거기에 대한 개념을 최대한 쉽고 자세하게 풀어나갈 생각입니다. 좀 어려운 내용과 다양한 지문에 대한 실전 문제는 다음에 만날 기회가 있을 겁니다. 일단은 기초부터 튼튼히 다지고 여러분의 실력 평가에 대한 기회는 좀 미뤄두는 걸로 합시다.

국어를 잘하기 위해서 알아야 할 것들

그럼 국어를 잘하기 위해서는 무엇을 알아야 할까요? 일단 국어에 어떤 영역이 있는지부터 알아야겠죠. 많은 사람에게 국어에 대해 물어보면, 한글 맞춤법이나 문학 분야에 한정해서 알고 있는 경우가 많습니다. 하지만 우리가 교육과정에서 보는 국어는 최소 다섯 가지 영역으로 이뤄져 있습니다. '듣기·말하기, 읽기, 쓰기, 문학, 문법'이죠. 그렇다면, 이제 다섯 가지 영역에 대해 간단히 살펴보도록 합시다.

듣기·말하기는 엄밀히 따지면 '듣기'와 '말하기'로 나눌 수 있습니다. 그러나 실제 우리가 듣고 말하는 상황은 일방적이지 않죠. 오히려 둘 이상의 사람이 의사소통하는 경우가 많습니다. 그래서 듣기·말하기와 관련된 내용은 교육과정 안에서도 같이 묶어서 배웁니다. 이후 듣기·말하기 영역에서는 실제 상황과 관련지어 어떤 방법을 통해 듣고 말하는 것이 좋은가에 대해 같이 알아보겠습니다.

다음으로 흔히 우리가 비문학이라고 부르는 읽기 영역이 있습니다. 이 영역은 다양한 분야의 지문을 읽고 이해하는 영역입니다. 그런데 그냥

'읽기'라고만 하면 문학을 감상하는 것도 읽는 것에 속하고, 듣기·말하기도 지문을 읽어야 합니다. 그렇기에 우리는 읽기 영역에서 단순히 무언가를 읽어내는 것이 아니라, 다양한 지문의 의미를 정확하게 파악하고 구체적으로 어떻게 읽는 것이 좋은가를 배워야 합니다.

다음은 쓰기 영역입니다. 제가 학교에서 쓰기 과제를 낼 때, 대부분의 학생은 고민을 좀 하다가 바로 쓰기를 시작합니다. 쓰기 전에 준비 과정을 거치고, 내용을 정리한 후에 쓰면 훨씬 더 좋은 글이 나오는데 말이죠. 그래서 쓰기 영역에서는 여러분이 여러 분야의 글을 어떻게 쓰면 더 좋을지 배우게 됩니다. 실제로 여러 영역에 대한 글쓰기 접근 방법을 안다면, 여러분의 학교 평가 혹은 일상적인 글쓰기에서도 충분히 활용할 수 있을 것입니다.

이제 어떻게 보면 가장 방대한 영역이라고 볼 수 있는 문학에 대해 이야기해보겠습니다. 일단 우리는 문학을 근대 시기 이전의 문학인 고전 문학과 근대 이후부터 나타나는 현대 문학으로 구분하고 있습니다. 그리고 그 안에서도 비교적 짧은 운율이 있는 글인 운문과 이야기 구조로 되어 있는 산문으로 나누고 있습니다. 여기에서 한 번 더 구분을 하면 '시, 소설, 수필, 희곡' 등으로 더 나눌 수도 있죠. 우리는 이 책에서 문학을 이해하기 위해 필요한 용어와 함께 작품을 감상하는 방법을 배울 겁니다.

마지막으로 문법 영역입니다. 우리가 제일 싫어하고, 제대로 알고 있지 않다면 쉽게 틀리는 영역입니다. 그래서 저는 교육과정에 포함된 '음운, 단어, 문장' 부분에서 학생들이 어렵게 생각하는 부분을 최대한 쉽게 이야기로 풀어보겠습니다. 저는 쉽게 접근할 수 있는 영역은 앞쪽에 배치하고, 상대적으로 어려울 수 있는 문법 영역은 제일 마지막에 배치했습니다. 문법 영역은 시간을 두고 차근차근 봤으면 합니다.

현재 교육과정 이야기

현재 적용되고 있는 2015년 개정 교육과정은 중학교 1~3학년이 하나로 묶여 있습니다. 이건 무슨 의미일까요? 중학교 동안 배워야 할 내용은 존재하지만, 배울 시기에 대한 결정은 교과서를 만드는 출판사의 자율에 맡기겠다는 것입니다. 우리는 학교에서 어떤 교과서로 배울지 모릅니다. 하지만 교육과정에 나온 학습요소와 성취기준에 대한 지식을 쌓아둔다면 학교에서 어떤 교과서를 선택했든 문제가 되지 않겠죠.

실제로 교육과정이 개정돼도 배워야 하는 학습요소는 크게 변하지 않았습니다. 그렇기에 여러분이 이 책을 통해 배운 지식은 이후 교육과정이 개정된다고 해도 여전히 쓸모 있는 지식이며, 여러분의 기초 지식으로 남아 있을 것입니다. 그러니 지금 이 책을 끝까지 완독한다는 마음가짐을 쭉 유지하는 것이 좋겠죠? 그럼 이제부터 본격적으로 선생님이 풀어가는 국어 이야기를 시작해볼까요?

서정재

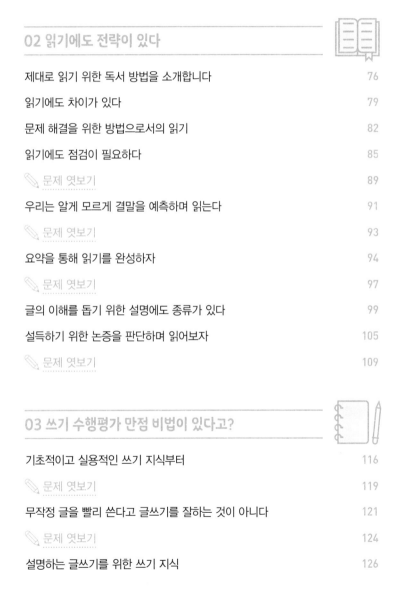

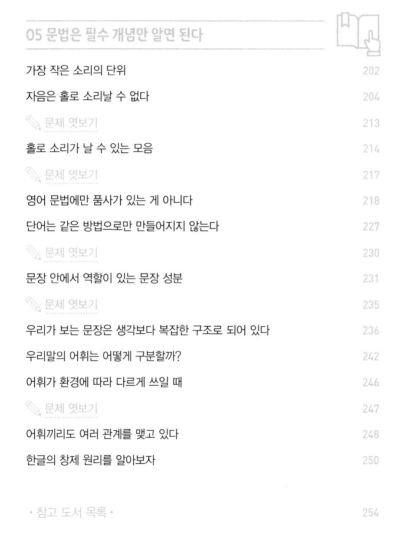

05 문법은 필수 개념만 알면 된다

일상생활에서도
통하는
듣기·말하기

중학교 교육과정 이야기

먼저 중학교 교육과정이 어떻게 구성되어 있는지 살펴보겠습니다. 2015년 개정 교육과정에서 듣기·말하기 영역의 성취기준은 다음과 같습니다.

> 공식적·비공식적 상황에서 이뤄지는 다양한 듣기·말하기에 관한 지식, 기능, 태도를 체계적으로 갖춘다.

이론적인 내용과 실제 듣기·말하기를 하는 수행 능력, 태도를 전반적으로 갖춰야 한다는 것이죠. 또한 목적과 맥락을 고려하며 다양한 유형의 듣기·말하기를 수행하고, 듣기·말하기를 통해 의사소통 능력과 문제 해결 능력을 기르는 데 주안점을 둔다고 합니다. 단순히 국어라고 해서 읽는 것에만 초점을 두는 게 아니라, 실제 수행을 잘할 수 있는가를 보는 것이죠.

우리가 중학교 때 배우는 듣기·말하기는 생각보다 적은 내용이 아닙니다. 우리가 일상생활에서 충분히 부딪힐 수 있는 영역까지도 포함하죠. 우리는 성적을 잘 받는 것에 초점을 두고 듣기·말하기를 대할 수 있으나, 일상생활에서도 충분히 알아두면 좋을 내용이 많습니다.

한번 생각해보죠. 우리가 누군가와 대화를 하는 상황을 피할 수 있을까요? 그리고 주변 사람들과 대화를 하다가 싸움이 나는 경우는 없을까요? 그러면 좀 더 현명하게 상대방과 대화를 하는 방법을 알면 좋겠죠. 이런 경우뿐만 아니라 사람들 앞에서 발표를 해야 할 수도 있고, 내가 어딘가에서 토의와 토론에 참여할 수도 있습니다.

저는 몇 년에 걸쳐 대화와 면담, 수행평가를 통해 학생들을 관찰했습니다. 그런데 많은 학생이 일상적인 대화도 어려워했고, 발표는 더더욱 힘들어했습니다. 토론이나 토의에서도 마찬가지였죠. 당연히 평소에 연습이 되어 있지 않으면 힘들 것입니다. 그런데 아예 기본적인 노력조차 하지 않는 경우가 많았습니다. 왜냐하면 학생 본인은 한국어 화자이기 때문에 자신의 문제점에 대해 생각하지 않기 때문입니다. 사실 단순한 시험 공부를 넘어 현재나 미래에 곧 생길 수도 있는 상황에 대한 공부인데 말이죠. 여러분의 생각보다 중학교 교육과정에 있는 여러 영역은 배워두면 좋은 점이 많습니다. 이제 좀 더 관심이 생겼으면 좋겠군요.

여러분이 배울 듣기·말하기에 대한 내용은 중학교 교육과정에서 다루고 있습니다. 그런데 이 내용들은 고등학교 교육과정에서도 중복해서 나오는 부분이 많습니다. 이제 배울 내용을 잘 이해하고 기억하면, 고등학교 국어도 자신감을 갖고 공부할 수 있을 겁니다.

공부 방향에 대한 이야기

그렇다면 이제 듣기·말하기를 어떻게 공부하면 좋을지 이야기해봅시다. 평소 여러분은 듣기·말하기를 단순히 시험을 위한 공부라고 생각하고 있을 겁니다. 그러나 이 영역은 의사소통을 학문적으로 나눠 연구한 것일 뿐, 일상생활에서도 충분히 도움이 되는 영역입니다.

일반적으로 많은 상황에서 듣기·말하기는 동시에 일어납니다. 다만 그

비중에서 차이가 있거나, 한쪽이 거의 대부분을 차지하는 경우가 있을 뿐이죠. 예를 들어 누군가 발표를 하는 상황에서 여러분이 동료를 평가해야 한다면, 듣기만 하며 평가표를 작성하겠죠? 그러면 이때는 타당성을 판단하며 듣거나, 상황에 맞는 적절한 말하기를 하고 있는가를 판단할 것입니다. 반대로 내가 말하기를 준비하고 실행했을 때는 말하기가 대부분일 것입니다.

위와 같은 측면을 고려해 우선 듣기·말하기에 대해 필요한 지식적인 부분을 같이 알아봅시다. 그리고 이후에 실제와 비슷한 듣기·말하기 상황을 살펴보며, 이론적인 부분과 실제 상황 측면 모두를 같이 살펴보도록 하죠. 물론 지금부터 나오는 내용은 실제 여러분이 보는 다양한 교과서에서도 다루는 내용입니다. 최대한 쉽고 친절하게 여러분이 국어에 대한 두려움을 없앨 수 있도록 이야기해보겠습니다. 긴장을 풀고 여러분 옆에서 국어 선생님이 이야기한다고 생각해보세요.

의사소통은 듣기·말하기가
전부가 아니라고?

무슨 의미냐면요

우리는 의사소통을 듣기·말하기로만 생각하기 쉽습니다. 그러나 실제 누군가와 의사소통을 할 때 언어로만 하지 않습니다. 언어 이외의 표현도 사용하죠.

좀 더 설명하면 이렇습니다

우리는 누군가와 의사소통을 할 때 그저 서로 생각만 전달한다고 오해할 수 있습니다. 그런데 실제 친구와 대화를 하다 친해진 경우에는 서로의 관심사와 가치관, 취미 등 많은 정보를 주고받습니다. 그리고 이런 정보를 바탕으로 서로에게 공감하며 점점 관계가 발전하게 됩니다. 특히 의미 공유가 적극적으로 일어나는 듣기·말하기 상황은 '대화'라고 볼 수 있는데요. 대화 이외에도 듣기·말하기 영역에서 일어나는 여러 의미 공유에 대해 알아볼 것입니다. 우리는 중·고등학교 교과서에서 듣기·말하기 영역을 공부할 때, 의사소통이라는 단어를 많이 보게 될 것입니다. 의사소통은 사전에서 다음과 같이 정의하고 있습니다.

> 다양한 기호를 사용해 정보를 전달함으로써 서로 공통된 의미를 수립하고, 서로의 행동에 영향을 미치는 과정을 말한다. 의사소통은 그 목적에 따라 정보를 전달하기 위한 것, 설득을 위한 것, 친교나 정서를 표현하기 위한 것으로 나눌 수 있다. [*]

이처럼 우리는 실제 누군가와 의사소통을 할 때 언어로만 하지 않습니다. 자, 이제 언어 이외의 표현에 대해서도 알아봅시다.

언어적 의사소통 (표현)

언어적 의사소통은 글이나 말로 의사소통을 하는 것입니다. 그렇다면 다른 것에는 무엇이 있을까요? 먼저 명칭이 약간 다르게 쓰일 때가 있지만, 같은 개념을 뜻하는 것으로 준언어적·반언어적 의사소통(표현)이 있습니다.

---

[*] 송진우, 『Basic 고교생을 위한 국어 용어사전』, 신원문화사, 2007년

준언어적·반언어적 의사소통 (표현)

준언어적·반언어적 의사소통은 언어를 말로 전할 때 같이 사용되는 '속도, 성량, 억양, 어조'를 말합니다. 속도는 말의 빠르기를 말합니다. 청중이 이해하기 쉽게 상황에 맞게 조절하는 게 좋습니다. 성량은 목소리의 크기입니다. 청중이 잘 들을 수 있는 크기로 유지하는 게 좋습니다. 그리고 중요한 부분에서는 좀 더 큰 소리로 말해 청중을 집중시키는 것이 좋습니다. 말의 높낮이를 뜻하는 억양은 말하기 상황에서 같은 목소리 크기라도 중간중간에 변화를 조금씩 줘 청중이 지루하지 않게 하는 것이 중요합니다. 마지막으로 말의 분위기를 뜻하는 어조는 자신감이나 겸손함, 슬픔 등의 감정을 느낄 수 있도록 상황에 맞는 말투 등을 사용해 조절해야 합니다.

비언어적 의사소통 (표현)

비언어적 의사소통은 말 그대로 언어적 표현이 아예 드러나지 않는 의사소통 방법입니다. 예를 들어 '시선, 표정, 몸짓, 복장'이 있습니다. 우리는 말할 때 시선이나 표정, 몸짓으로 많은 정보를 전달합니다. 시선은 눈의 방향을 말합니다. 여러분이 대화나 발표 등을 할 때 상대방과 눈을 맞추면서 듣는 사람의 반응을 확인하고 집중을 도울 수 있습니다. 다음으로 표정은 감정을 드러낼 수 있기에 청중과 말하는 내용에 맞게 조절하는 것이 좋습니다. 몸짓은 전달하는 내용의 단조로움을 피할 수 있게 손, 발, 몸 전체를 적절하게 사용하는 게 좋습니다. 마지막으로 복장은 다양한 상황에 맞게 입는 것이 좋습니다.

 **우리가 알아야 할 것**

- 의미 공유가 적극적으로 일어나는 듣기·말하기 상황은 대화 이외에도 여러 의미 공유에 대해 알아야 합니다.
- 의사소통에는 언어적 의사소통 외에도 준언어적·반언어적 의사소통, 비언어적 의사소통이 있습니다.
- 준언어적·반언어적 의사소통은 '말의 속도, 성량, 억양, 어조'를, 비언어적 의사소통은 '시선, 표정, 몸짓, 복장'을 예로 들 수 있습니다.

듣기에도
차이가 있다

무슨 의미냐면요

보통 듣기라고 하면 단순히 단어나 문장이 우리 귀에 들려서 소리를 인식하는 것이라고 생각할 수 있습니다. 그러나 사실 듣기는 굉장히 여러 과정을 통해 이뤄지는 복합적인 사고 과정입니다.

좀 더 설명하면 이렇습니다

듣기는 사실적인 내용을 이해하는 '의미 수용 과정으로서의 듣기' 이외에도 다른 듣기가 있습니다. 이런 내용은 읽기와도 관련이 있는데요. 먼저 '의미 수용 과정으로서의 듣기'부터 살펴보도록 합시다.

의미 수용 과정으로서의 듣기

먼저 『화법 교육론』에서는 '의미 수용 과정으로서의 듣기'를 다음과 같이 정의합니다.

> 주의를 기울여 소리를 지각하고, 자신이 알고 있는 배경지식과 관련해 들은 정보를 조직화하고, 표현에 함축되어 있는 의미를 해석하고, 그 적절성을 평가하는 매우 능동적이고 적극적인 인지적 과정*

이 내용을 풀어보면 우리는 단순히 소리만 듣는 게 아니라, 그 속에 담긴 단어에 대한 의미, 문장에 대한 전체적인 해석도 한다는 걸 알 수 있습니다. 그리고 이 책에서는 추가적으로 여러 정보 중에서 우리에게 필요하거나 중요한 정보만을 선택적으로 지각해 의미를 재구성한다고도 이야기합니다. 이것은 우리의 듣기 활동이 본인 스스로 의미를 이해하는 고차원적인 활동이라는 걸 보여줍니다. 만약 지금 이해가 어려워도 괜찮습니다. 뒤에 나올 추론적, 비판적, 공감적 듣기와 비교해보면 더 이해가 쉬울 것입니다. 사실 '의미 수용 과정으로서의 듣기'는 쉽게 말하면 '사실적 듣기'라고 표현해도 됩니다. 이게 좀 더 여러분이 이해하기 쉬울 듯하네요.

---

* 이창덕, 『화법 교육론』, 역락, 2017년, 55-56쪽

추론적 듣기

국립국어원에서 편찬한 『표준국어대사전』에 따르면 '추론적'이라는 단어는 직관이 아닌 판단, 추리 따위를 거듭함으로써 대상을 이해하는 것입니다. 그리고 추리는 알고 있는 것을 바탕으로 알지 못하는 것을 미루어 생각하는 것이라고 하고요. 이것을 종합해보면 추론적 듣기는 알고 있는 것을 바탕으로 알지 못하는 것을 짐작해 파악하는 듣기라고 할 수 있습니다.

이런 추론적 듣기는 보통 상대방의 대화나 말을 들으면서 생략된 말이나 생각, 몸짓이나 억양 등을 통해 화자의 의도나 생각이 어떤가를 확인하는 것입니다. 사실 초등학교 과정에서 추론적 듣기를 다뤄서 중학교에서는 다루지 않습니다. 그러나 고등학교 읽기 영역에서 추론적 이해로 다루고 있으니 확인하고 넘어갑시다.

비판적 듣기 (타당성 판단하며 듣기)

우리가 누군가에게 설득을 당하는 상황이나, 우리가 누군가를 설득해야 하는 상황을 상상해봅시다. 만약 이런 상황이라면 상대방의 말이 앞뒤가 맞으며 옳아야 한다고 생각하겠죠. 상대방이 내게 어떤 물건을 사야하는 이유를 말하는데, 그 근거가 단지 저렴하다는 이유 하나뿐이라면 설득이 될까요? 절대 아닐 것입니다.

이 부분은 2015년 개정 교육과정에서 학습요소로 다루고 있는 것인데, 교과서에서는 '타당성 판단하며 듣기'라는 학습목표가 들어간 단원으로 나옵니다. 우리는 어떤 듣기 상황에서 비판적으로 듣는다고 했을 때, 사실 타당성만을 고려해 듣지는 않습니다. 따라서 이후의 글에서 관련 지식도 같이 살펴보도록 하겠습니다.

공감적 대화 (공감적 듣기 포함)

생각해보면 우리 주변에서 가장 많이 일어나는 것이 대화입니다. 좋은 대화는 관계를 형성하고 발전시킬 수도 있지만, 사소한 실수 하나로 인해 관계가 단절되는 경우도 있습니다. 선생님도 대화를 하다가 상대방과 다퉈본 경험이 있고, 그로 인해 관계가 깨진 경우도 있었습니다. 만약 좀 더 대화를 부드럽게 이끌어갈 수 있었다면, 그러지 않았을 텐데 말이죠. 공감적 대화를 할 수 있다는 건 적어도 상대방에 대한 이해가 있다는 걸 말합니다. 이후 내용에서 관련 내용을 더 설명해보겠습니다.

🎓 우리가 알아야 할 것

- 듣기는 여러 과정을 통해 이뤄지는 복합적인 사고 과정입니다.
- 듣기는 '의미 수용 과정으로서의 듣기, 추론적 듣기, 비판적 듣기(타당성 판단하며 듣기), 공감적 대화(공감적 듣기)' 등으로 나눌 수 있습니다.

비판적 듣기는 내용의 타당성만을 판단하는 것일까?

무슨 의미냐면요

우리가 어떤 상황에서 비판적으로 듣는다고 했을 때, 타당성뿐만 아니라 관련 지식도 함께 살펴봐야 합니다. 바로 '내용의 타당성'입니다.

좀 더 설명하면 이렇습니다

먼저 교과서에서 말하는 '내용의 타당성'에 대해 알아보겠습니다. 『표준국어대사전』에서는 타당성을 "사물의 이치에 맞는 옳은 성질"이라고 정의합니다. 그렇다면 '내용의 타당성'이라는 것은 "어떤 내용이 그 앞뒤가 들어맞는 특성" 정도로 정의할 수 있습니다. 그러면 이제 '내용의 타당성'을 어떻게 판단할 것인지에 대해 설명하겠습니다. 실제로 교과서나 교육과정에 나오는 내용을 기준으로 설명하겠습니다.

교과서에서 소개하는 내용의 타당성

'내용의 타당성'은 먼저 어떤 주장이나 결론을 말할 때 근거가 주장이나 결론과 관련이 있는 것인지를 기준으로 판단할 수 있습니다. 왜냐하면 근거가 주장이나 결론과 관련이 적다면 내용을 제대로 뒷받침할 수 없기 때문입니다. 다음으로 근거로부터 주장이나 결론을 이끌어낼 때, 오류가 있는지 판단합니다. 특히 근거가 충분하지 못한데 성급하게 결론을 내린 건지, 근거에서 결론으로 연결되는 게 어색한지 따져봐야 하죠. 마지막은 근거로부터 주장을 이끌어내는 과정에 영향을 미치는 다른 정보는 없는지 따져볼 수 있어야 합니다. 이것은 근거와 관련이 있지만 본인이 내리는 결론과 다른 경우, 의도적으로 밝히지 않을 수 있기 때문입니다.

교과서에서 소개하는 '내용의 타당성'은 이렇게 세 가지 정도입니다. 이 주제들을 바탕으로 내용이 구성되어 있는데, 여러분이 위와 같은 내용을 어느 정도 이해하고 있으면 학습에 큰 무리가 없을 것입니다. 그리고 비판적 듣기는 보통 상대방이 주장하는 말하기에서 활용됩니다. 이때 결론과 관련지어 그 근거의 타당성을 따지기에 토의, 토론, 강연 등에서도 비판적 듣기가 활용될 수 있습니다. 비판적 듣기는 실제로 읽기에서도 '비판적 읽기'라는 내용으로 고등학교 1학년 교육과정에서 배우게 됩니다. 그래서 추가적으로 비판적 이해를 위해서 알아두면 좋을 내용 두 가지를 간단하게 설명하고 다음으로 넘어가겠습니다.

비판적 이해를 위한 두 가지

첫째, '내용의 신뢰성'입니다. 이것 또한 비판적으로 듣거나 읽을 때 확인해야 하는 부분입니다. 정보나 자료가 믿을 만한 것인지 확인하는 것이죠. 보고서나 주장하는 글을 쓸 때 정보나 자료가 본인의 생각인지, 믿을 수 있는 실험이나 전문가의 견해인지를 따져봐야 한다는 것입니다. 만약 전문가의 견해나 연구 자료 등을 조작하거나 일부만 가져와서 변형을 한다면, 그것은 믿을 수 없는 근거겠죠. 결국 결론과 주장 또한 믿을 수 없고요.

둘째, '내용의 공정성'입니다. 이것은 말의 내용이나 주장이 공평하고 정의로운지에 관한 것입니다. 어떤 문제를 다룰 때 본인에게 유리한 내용만을 제시하고, 그 외의 문제점은 언급하지 않는 경우 등에서 확인할 수 있습니다. 현재 상황의 변화를 위한 어떤 주장을 할 때 그에 따른 부작용이나 단점에 대해서는 언급하지 않는 것이죠. 이와 같이 본인에게 유리한 것만 이야기해 논리를 만드는 것은 공정성을 어겼다고 볼 수 있습니다.

🎓 우리가 알아야 할 것

- 비판적 듣기를 할 때는 '내용의 타당성'을 봐야 합니다. 교과서에서 소개하는 것은 세 가지입니다.
- 비판적 듣기는 비판적 읽기로도 연결되는데, 이것은 모두 비판적 이해에 해당합니다.

상대방에 대한 이해가
필요한 공감적 대화

무슨 의미냐면요

우리 주변에서 가장 많이 일어나는 듣기·말하기는 대화입니다. 공감적 대화 영역에서 실제 대화 상황과 이론을 함께 보겠습니다. 이걸 통해 여러분의 친구 관계도 더 좋아지고, 국어 공부도 쉬워질 것입니다.

좀 더 설명하면 이렇습니다

공감적 대화를 할 수 있다는 건 적어도 상대방에 대한 이해가 있다는 겁니다. 아무리 이론을 잘 안다고 해도 실제 대화 상황에서 상대방에 대한 이해가 없다면 소용없습니다.

공감적 듣기

공감적 듣기란 내 입장에서 상대방의 말을 분석하거나 비판하는 데 목적이 있는 것이 아니다. 감정 이입의 차원에서 상대방의 생각이나 감정을 이해하려는 데 그 목적을 두는 '너' 중심 듣기라고 할 수 있다. 공감적 듣기는 일체의 판단을 유보하고 상대방의 관점에서 문제를 바라볼 수 있을 때 가능해진다. *

위의 설명을 보면 공감적 듣기는 상대방의 대화를 잘 들어주는 것처럼 보입니다. 그러나 사실 공감적 듣기는 상대방의 의견 등을 들어주면서 말을 거는 것입니다. 그래서 일방적인 듣기라고 보기 어렵습니다. 위의 설명에서 핵심적인 단어는 '감정 이입' '판단 유보'입니다. 이 두 핵심 단어가 공감적인 대화를 시작하는 기본적인 태도입니다. 아래의 대화 상황을 보며 좀 더 필요한 개념을 알아보도록 합시다.

민수   (한숨을 쉬며) 나 요즘 고민 있다.
민식   (한숨을 쉬며) 나도… 많이 힘들다.
민수   그러냐?
민식   힘드네.

---

* 이창덕, 『화법 교육론』, 역락, 2017년, 61-62쪽

앞에서 민수와 민식이의 대화가 잘 진행되고 있나요? 앞에서 언급한 '감정 이입'과 '판단 유보'가 제대로 드러나지 않죠. 그렇다면 공감적 대화가 성공적으로 진행되기 위해서는 어떤 식으로 민식이가 반응했어야 할까요?

민수	(한숨을 쉬며) 나 요즘 고민 있다.
민식	(몸을 앞으로 기울이며) 무슨 일인데?
민수	그게… 저번에 봤던 수행평가 문제지 답을 밀려 썼다고 하네.
민식	(안타까운 표정을 지으며) 헐, 어떡하냐. 정말 속상하겠어.

위의 대화를 보면 민식이는 민수가 말한 고민에 대해 어떤 판단도 하지 않고 있습니다. 단지 무슨 일인지 묻고 있죠. 그리고 "정말 속상하겠어."라며 마치 본인의 일처럼 '감정 이입'을 하고 있습니다. 그런데 이런 공감적 대화를 위해서는 이외에도 교과서에서 제시하고 있는 방법을 몇 가지 더 알아봐야 합니다.

들어주기

공감적 대화를 위해서는 '들어주기'가 기본 바탕이 되어야 합니다. 여기에는 '소극적인 들어주기'와 '적극적인 들어주기'가 있습니다. '소극적인 들어주기'는 기본적으로 상대방이 계속 이야기를 이어갈 수 있도록 도와주는 '격려하기' 기술이 핵심입니다.

이전의 대화문을 살펴보면 "무슨 일인데?"라는 말을 통해 상대방이 이후의 말을 할 수 있도록 도와주고 있습니다. 이런 '질문하기'는 '격려하기' 기술에 속하는 것이죠. 그리고 몸을 앞으로 기울이는 '관심 갖기' 또한 여기에 속합니다. 상대방의 말에 공감하며 '맞장구치기'를 하는 민식이의 마지막 대화에서도 '소극적인 들어주기'를 확인할 수 있죠.

다음으로 '적극적인 들어주기'에 대해 알아보도록 합시다. '적극적인 들어주기'란 듣는 사람이 객관적인 관점에서 문제에 접근할 수 있도록 말하는 사람의 말을 요약, 정리해주고 '반영하기' 기술을 통해 말하는 사람이 스스로 문제를 해결할 수 있도록 도와주는 것입니다. 자신이 듣고 이해한 대로 풀어 이야기하는 '재진술하기'가 여기에 해당합니다. 또한 상대방의 대화를 뒷받침하기 위해 자신의 경험 사례를 공유하는 '경험 사례 공유' 기술도 하나의 방법입니다.

🎓 우리가 알아야 할 것

- 공감적 듣기는 '감정 이입'과 '판단 유보'가 중요합니다.
- 공감적 대화를 위해서는 상대방의 말에 집중하며 '적극적인 들어주기'와 '소극적인 들어주기'를 활용해야 합니다.

【문제】다음은 철수와 영희의 대화이다. 공감하며 반응하는 대화로 빈칸에 들어가기에 가장 적절한 말은 무엇인가?

> 영희: 피아노 연주회를 앞두고 있는데 연주가 잘 안 돼서 속상해
> 철수: (   )

① 지금까지 연습한 대로만 하면 되는데 그게 어려워?
② 그럼 지금이라도 그만둬! 다른 사람한테 피해 주지 말고.
③ 그것 봐, 내가 그럴 줄 알았어. 연습도 안 하더니.
④ 그렇구나! 연주회를 앞두고 있어서 걱정되는구나.

✎＿ 위 듣기 지문은 공감적 대화 상황을 나타내고 있습니다. 상황을 보면 철수가 영희를 위로하는 적절한 말을 골라야 합니다. 속상하다는 영희의 말에 공감하는 ④번이 답이 됩니다. ④번은 영희가 했던 말을 가져와 다시 반복한 다는 점에서 '맞장구치기'라고 볼 수 있습니다.

면담도 준비가
필요하다

무슨 의미냐면요

면담은 대화의 일종입니다. 하지만 일상적인 대화와 달리 목적에 맞게 질문을 준비해야 합니다. 면담 과정을 살펴보며 무엇을 준비해야 할지 알아보겠습니다.

좀 더 설명하면 이렇습니다

우리는 종종 TV 프로그램에서 리포터가 나와 연예인을 인터뷰하는 것을 볼 수 있습니다. 이것은 일종의 면담이라고 볼 수 있습니다. 어떤 정보에 대해 대화를 하며 정보 전달 위주의 말하기가 일어나는 것이죠. 이와 비슷하지만 좀 더 뚜렷한 목적성을 갖고 대화하는 것이 면접입니다. 중학교 교육과정에서는 좀 더 넓은 범주에 속하는 면담을 배우고, 고등학교 교육과정에서 면접을 배우게 됩니다.

　보통 교과서에서는 목적에 맞게 질문을 준비해 면담하는 것을 학습목표로 하고 있습니다. 사실 면담 또한 다른 말하기를 위한 자료로 사용될 수도 있고, 면담하는 내용 그 자체를 통해 정보 전달을 하기도 할 것입니다. 하지만 무작정 누군가와 면담하는 것은 어떤 목적을 가졌다고 해도 결과물이 좋지 않겠죠.

　그렇다면 면담은 무엇이고, 어떤 과정을 통해 준비하면 좋을지 하나씩 살펴봅시다. 면담은 보통 면담을 직접 진행하는 '면담자'와 면담자의 질문 등에 대답하고 이야기하는 '면담 대상자(피면담자)'로 구분할 수 있습니다. 이제 내가 면담자가 되었다고 생각하고 하나씩 준비해봅시다.

면담 준비

　면담을 준비할 때 가장 먼저 해야 할 것이 무엇일까요? 먼저 면담을 하는 목적을 설정해야 합니다. 다른 사람 앞에서 어떤 직업을 소개하기 위해 발표 자료를 준비하거나, 기사문 작성, 설명문의 보충 자료에 참고를 위한 것 등 다양하게 면담 내용으로 이용할 수 있습니다. 따라서 그 목적을 분명하게 설정하는 게 중요합니다.

　목적을 설정했다면 다음엔 무엇이 중요할까요? 면담의 질문에 답해줄 면담 대상자를 선정해야 합니다. 왜냐하면 아무리 목적이 좋아도 그것에 답해줄 사람이 없다면, 면담 자체가 진행되지 않기 때문이죠. 면담 대상자는 질문에 대해 풍부한 지식을 갖고 있는 사람이 좋을 것입니다. 면담 대상자까지 알아봤다면 다음으론 정중하게 면담의 일정을 잡는 것이 자연스러울 것입니다.

면담 질문 만들기

이제 면담 대상자까지 만날 준비가 되었다면, 질문을 만들어야죠. 특히 면담자가 정한 목적에 따라 질문을 만드는 것이 중요합니다. 목적에 따라 질문을 만들 때도 면담 대상자에 대한 기본 정보 등을 파악하고, 질문을 만드는 것이 더욱 좋습니다. 그리고 여러 질문 중에서 필요하지 않은 부분은 수정하거나 삭제할 수도 있으며, 질문들이 자연스럽게 흘러갈 수 있도록 면담의 과정 또한 간단하게 개요를 짜는 것이 좋습니다. 또한 면담 대상자가 답변할 경우, 추가적으로 질문할 내용도 미리 만들어두면 좋겠죠. 이런 세부적인 준비가 있으면 더욱 좋은 면담이 될 것입니다. 마지막으로 면담의 과정을 상상하며 혼자 진행하는 연습을 하면 더욱 좋겠죠.

면담하기

이 부분은 보통 교과서에 면담문이 나옵니다. 이걸 토대로 여러분이 직접 면담자가 되어 주변 사람과 면담하는 활동을 해본다면 더욱 좋겠죠. 아니면 여러분이 직접 만든 면담 질문을 토대로 예의를 갖춰 면담을 직접 진행하는 것도 좋습니다.

면담 내용 정리하기

여러분이 면담자가 되어 면담을 했다면 잘 정리하는 게 좋겠죠? 실제 면담을 했다면 질문에 대한 답변을 정리할 수 있어야 합니다. 면담 내용이 많다면 녹음이나 면담지를 활용해 면담 결과물을 체계적으로 정리해야 합니다. 그리고 정리한 결과물을 발표나 글 작성에 활용하면 됩니다.

우리가 알아야 할 것

- 면담은 목적에 맞는 질문을 준비해야 하는 말하기입니다. 면접은 면담보다 좀 더 뚜렷한 목적성을 갖고 대화합니다.
- 면담을 준비할 때는 목적을 설정하고 면담 대상자를 선정한 후 질문을 만듭니다.
- 면담을 진행한 후에는 면담 결과물을 과정과 목적에 따라 정리합니다.

【문제】 다음 질문 목록에 들어갈 내용으로 적절하지 <u>않은</u> 것은?

면담 대상: 경찰

면담 목적: 경찰이라는 직업에 대한 정보를 얻기 위해

질문 목록: (   )

---

① 경찰의 가족 관계

② 경찰이라는 직업의 장점

③ 경찰이 되는 과정

④ 경찰로 일하면서 느꼈던 직업적 보람

✎___ 이 문제는 면담을 준비하면서 질문 내용을 선정하는 과정을 보여주고 있습니다. 질문 내용은 당연히 면담 목적을 고려해 선정해야 하며, 여기서 목적인 '경찰이라는 직업에 대한 정보'를 얻을 수 있어야 합니다. 이 목적과 관련 없는 ①번이 정답이 됩니다.

많은 사람 앞에서 말하려면
준비가 필요하다

무슨 의미냐면요

들는 사람이 있는 공식적인 말하기는 어느 정도 준비가 필요합니다. 특히 발표, 소개, 연설 등에서는 더욱 필요한 과정입니다. 아래에서 좀 더 알아볼게요.

좀 더 설명하면 이렇습니다

우리는 대화 상황을 포함해 여러 말하기 상황을 겪습니다. 실제로 우리는 많은 상황에서 준비되지 않은 말하기를 합니다. 그러나 성공적으로 누군가를 설득하거나 이해시키기 위해서는 준비 과정이 필요합니다. 예를 들어 내가 좋아하는 책을 싫어하는 친구가 있다고 해봅시다. 이런 친구를 설득할 때 이 책이 재밌고 좋으니까 꼭 읽어야 한다고 말하면, 과연 상대방이 "그렇구나."라며 공감할까요? 오히려 이 책이 좋은 이유에 대해서 책의 줄거리와 함께 장점을 부각시켜 소개하는 것이 효과적이겠죠.

다른 사람 앞에서 내가 전달하려는 내용을 이해시키려고 할 때나, 내가 주장하는 것을 설득시키려고 할 때 모두 체계적인 준비가 필요합니다. 우리는 이런 준비를 어떻게 해야 할지 교과서 내용을 통해 알아보겠습니다. 이어서 우리가 함께 알아볼 것들은 수행평가나 시험뿐만 아니라, 우리가 앞으로 살아가면서 겪게 될 일들입니다. 이 점을 명심하고 따라와 줬으면 좋겠습니다.

그렇다면 말하기 준비는 어떻게 하는 것이 좋을까요? 이제 설명할 내용은 여러 사람 앞에서 목적에 맞게 말하기를 할 때 기본적으로 필요한 것들입니다. 실제로 여러분이 이후에 볼 글쓰기와 겹치는 부분도 있으니 내용을 잘 확인해보도록 합시다.

내용 생성하기

먼저 여러분이 말하기를 할 때, 그 목적을 먼저 확인해야 합니다. 왜냐하면 목적을 스스로 정하든, 남에 의해 정해지든 그것이 확정되면 보다 세부적으로 말할 내용을 정리할 수 있기 때문입니다. 그리고 다음으로는 무엇이 중요할까요? 의사소통에 참여하는 듣는 사람의 지식 수준과 말하는 사람에게 거는 기대나 요구 등을 아는 것도 중요합니다. 이런 것을 알아야 듣는 사람을 고려해 말할 내용을 수집하고 정리할 수 있습니다. 지금까지의 내용은 말하기를 위한 내용 생성 단계에서 해야 할 것들입니다.

내용 조직하기

다음으로 내용 조직(구성)을 해야 합니다. 자료를 수집하고 정리해도, 실제 말하기를 할 때 어떤 내용을 말할지, 어떤 순서로 말할지 구체적으로 정하는 게 좋습니다. '도입부 - 전개부 - 결론부'의 3단 구성으로 하는 게 좋겠죠. 도입부에서는 듣는 사람의 관심과 흥미를 유발해 집중할 수 있게 합니다. 전개부에서는 본인이 말할 내용에서 중요한 내용을 강조합니다. 마지막 결론부에서는 듣는 사람의 기억에 남도록 핵심 내용을 다시 정리해주는 게 필요합니다.

연습 및 말하기

그렇다면 내용 조직까지 마치고 말하기를 할 때 어떤 것을 고려해야 할까요? 이때는 기본적인 발음, 내용과 상황에 어울리는 단어 선택, 어법에 맞는 말하기가 중요합니다. 그리고 여기에 준언어적 표현과 비언어적 표현을 적절하게 사용하는 것도 중요하겠죠. 특히 준비된 내용을 바탕으로 말하기 연습을 하는 것이 좋습니다.

이상으로 여러 사람 앞에서 말하기를 할 때 준비하면 좋은 것들을 간단하게 살펴봤습니다. 보다 구체적인 상황에서 활용하는 것은 개별 말하기에서 자세히 확인해보도록 합시다.

🎓 우리가 알아야 할 것

- 공식적인 말하기에서는 준비가 필요합니다.

- 목적과 듣는 사람을 고려해 말하기 내용을 마련합니다.

- 마련된 내용을 바탕으로 내용의 순서 등을 조직하고 연습하면 좋습니다.

- 실제 말하기 상황에서는 준언어적·비언어적 표현을 사용해 말하기를 합니다.

많은 사람 앞에서 말할 때 불안한 것이 당연하다

무슨 의미냐면요

학교에서 복도를 지나가다 보면, 학생들이 친구들과 시끌벅적하게 대화를 나누는 모습을 보게 됩니다. 이것만 보면 다들 말을 잘하는 것 같죠. 그러나 많은 사람 앞에서 말할 때도 그럴 수 있을까요? 아닐 겁니다. 떨리고 불안하겠죠. 여러분은 앞으로 많은 사람 앞에서, 익숙하지 않은 환경에서 말할 기회가 늘어날 것입니다. 제가 말해주고 싶은 건, 여러분이 느낄 수도 있는 떨림과 불안함은 자연스러운 것이라는 겁니다. 이제 말하기 불안에 관련된 것을 살펴보며 두려움을 같이 없애봅시다.

좀 더 설명하면 이렇습니다

말하기 불안은 여러 사람 앞에서 말을 할 때 개인이 경험하는 불안 증상입니다. 이런 말하기 불안은 누구에게나 나타날 수 있습니다. 먼저 말하기 불안의 원인에 대해 알아보겠습니다.

말하기 불안의 원인

말하기 불안의 원인은 먼저 부끄러움을 잘 타는 성격 때문입니다. 그러나 이외에도 스스로 자신감이 떨어지는 등 심리적인 요인이 있습니다. 내 말을 듣는 사람이 내 말에 대해 평가할 때 느끼는 두려움도 심리적인 것이겠죠. 그리고 많은 사람 앞에서 말해본 경험이 적거나 환경이 익숙지 않은 경우도 있을 겁니다. 또한 말하기 준비가 충분히 되어 있지 않거나, 말할 내용에 대한 확신이 없는 경우도 있습니다. 원인이 굉장히 다양한데요. 실제로 선생님도 말하기 불안을 느낄 때 원인을 분석해봤는데, 앞의 내용이 여러 개 겹쳐서 나타날 때가 많았습니다.

말하기 불안 극복하기

그렇다면 말하기 불안을 극복하려면 어떻게 해야 할까요? 먼저 말하기 상황에 대해서 긍정적으로 생각하는 것이 좋습니다. 본인이 하는 말하기로 인해 안 좋은 일이 일어나거나, 사람들이 안 좋은 영향을 받을 것이라고 생각하지 않는 겁니다. 그리고 오히려 듣는 사람에게 좋은 영향을 주거나, 유익한 지식을 알려주는 기회라고 생각하는 것이죠. 또한 발표를 꼭 잘해야 한다는 강박 관념을 버려야 합니다. 노력에 대한 긍정적인 면을 생각하고, 실수해도 큰 문제가 되지 않는다는 것을 생각하며 준비하는 것이 좋습니다.

그런데 말하기를 하다 보면, 식은땀이 나고 호흡이 가빠지는 등 신체적인 문제가 나타날 수도 있습니다. 이럴 땐 간단하게 심호흡이나 몸의 긴장을 풀어주는 체조 등을 하는 방법이 있습니다. 그리고 또 다른 방법은 본인이 두려워하는 말하기 상황을 머릿속으로 계속 상상하는 것입니다. 본인의 말하기가 그렇게 끔찍한 결과로 이어지지 않는다는 것을 계속 상상하면 한결 마음이 가벼워질 것입니다.

마지막은 가장 현실적인 방법입니다. 선생님도 이 방법을 통해 말하기 불안을 극복했어요. 말하기에 대한 여러 준비를 철저히 하는 것이죠. 앞에서 언급했던 것처럼 내용 생성과 조직을 하고, 거울 앞에서 반복 연습을 했습니다. 그리고 제가 발표 등을 못해도 비난하지 않을 친한 사람 앞에서 연습을 했죠. 또한 그것에 맞게 준언어적·반언어적 표현도 연습하고, 친한 친구의 조언을 듣고 고쳐서 또 연습했습니다. 이제는 사람들 앞에서 말하기를 자신 있게 할 수 있게 되었어요. 여러분도 이런 방법들을 차근차근 적용해보면 점점 나아지는 자신을 발견할 것입니다.

🎓 우리가 알아야 할 것

- 말하기 불안은 누구에게나 나타날 수 있는 현상입니다.
- 말하기 불안은 성격이나 심리적인 부분, 경험이나 환경의 익숙함 차이로 생깁니다.
- 말하기 불안 극복 방법은 말하기 상황에 대한 인식 변화, 상상을 통한 연습이 있습니다.

그저 사람들 앞에서 말만 잘하면 되는 것일까?

무슨 의미냐면요

이 부분에선 공식적인 말하기에서 중요한 '전달 방법'에 대해 다룰 것입니다. 공식적인 말하기란 학급 학우들 앞에서 하는 자기소개나 발표, 무언가를 가르쳐주기 위한 강연 등을 말합니다. 이런 공식적인 말하기 상황에서 우리가 그저 말만 하는 것과 전달하고자 하는 내용과 목적에 따라 다양한 매체를 활용하는 것에는 큰 차이가 있겠죠? 공식적인 말하기를 보다 성공적으로 할 수 있도록 돕는 매체 자료와 그 활용 등에 대해 알아보겠습니다.

좀 더 설명하면 이렇습니다

매체 자료란?

매체 자료는 정보를 전달하는 매개물을 말합니다. 음성이나 문자를 보완하는 역할을 하죠. 먼저 시각 자료에는 도표나 그래프, 그림, 사진 등이 있습니다. 다음으로 청각 자료는 소리나 음악 등이 있습니다. 마지막으로 시청각 자료는 이 둘이 동시에 나타나는 동영상, 플래시, 애니메이션 등이 있습니다.

매체 자료의 활용 효과

그렇다면 매체 자료의 활용 효과는 무엇일까요? 첫째, 청중의 흥미를 끌고 주의를 집중시킬 수 있습니다. 실제로 강연이나 발표에서 PPT나 영상 등을 보여주면, 사람들의 궁금증을 끌어낼 수 있기에 집중의 효과가 있죠. 둘째, 청중이 내용을 이해하고 기억하는 데 도움을 줍니다. 만약 발표에서 연도별 출산율과 사망률, 인구 비중을 글로 서술한다면 이해가 어려울 것입니다. 반면 핵심적인 부분을 강조해 구간별 연도 등으로 추려 전달한다면 사람들의 기억에 오래 남겠죠.

🎓 우리가 알아야 할 것

- 매체 자료는 시각 자료, 청각 자료, 시청각 자료를 말합니다.
- 매체 자료는 청중의 흥미를 끌고 주의를 집중시킬 수 있습니다.
- 발표에서는 핵심적인 부분을 강조해 전달하면 좋습니다.

매체 자료를 활용한 체계적인 발표 준비는 어떻게 해야 할까?

무슨 의미냐면요

앞에서 매체 자료를 활용하는 것이 공식적인 말하기에 좋다고 했습니다. 그렇다면 발표는 어떻게 준비해야 할까요?

좀 더 설명하면 이렇습니다

발표 계획하기

먼저 예상 청중, 발표 목적, 발표 주제를 고려해 계획을 세웁니다. 여러분은 보통 학교에서 발표를 하게 되겠죠? 그때 예상 청중은 친구들이 되겠습니다. 그러나 나중에는 어디에서 발표를 할지 모르죠. 그러니 먼저 예상되는 청중이 누구인지를 정해봅시다. 예상 청중을 정했다면 그 청중의 관심사, 지식 수준, 요구나 기대 등을 고려해 주제와 목적을 정합니다. 계획하기 단계에서 발표 내용과 관련된 기초를 잘 잡으면 이후 단계에서 좀 더 명확하게 내용 생성과 조직을 할 수 있습니다.

자료 조사하기 / 발표 내용 선정하기 / 발표 내용 마련하기

이번 단계는 교과서마다 조금씩 다른 제목을 갖고 있습니다. 그래도 일반적으로는 계획하기에서 정한 발표 주제와 목적, 청중 등을 고려해 자료를 '생성'하는 것에 초점이 있습니다. 이 자료는 본인의 경험에서 나온 내용일 수도 있고, 어딘가에서 조사한 자료일 수도 있습니다. 이후 발표 목적과 주제에 맞게 발표 내용을 선정합니다. 이번 단계에서는 최대한 계획하기와 관련된 다양한 자료를 수집하거나, 경험을 바탕으로 기록을 많이 해두는 것이 좋습니다. 브레인스토밍이나 마인드맵 그리기 등이 도움이 될 겁니다.

내용 구성하기 / 내용 조직하기

우리는 이전 단계에서 여러 자료를 모아뒀습니다. 이제 이 자료들을 적절하게 배치하면 됩니다. 여러 교과서에서는 이번 단계에서 주로 개요를 활용하는데요. 보통은 '도입-전개-정리(마무리)'의 표를 이용해 들어갈 내용을 간단하게 정리합니다. 그리고 각 단계에 들어갈 내용이나 자료, 활용할 설명 방법 등을 정리해 기록하는 것이 좋습니다. 이건 보통 도표 형식으로 제시되는 것으로, 다음과 비슷하게 제시됩니다.

단계	발표할 내용	매체 자료, 설명 방법 등
도입	인사말 및 다루게 될 내용을 간단히 언급	정의, 예시 활용
전개	다루게 될 내용에 대해 체계적으로 전개. 보통은 첫째, 둘째 등의 순서를 말하고 내용을 이해하기 쉽고 너무 길지 않게 발표	첫째, 둘째 등 중요 부분 도표 활용하기
정리	전개 부분의 핵심 내용 정리 및 강조	한 장 요약 그림

[표] 내용 조직하기 활동의 간단한 예시

발표문과 발표 자료 준비

이 단계는 교과서에서 따로 단계를 설정하는 경우도 있고, 생략하는 경우도 있습니다. 어떤 경우든 발표를 위해 발표문과 발표 자료가 필요하니, 이번 단계도 잘 알아두면 좋겠죠?

발표문 내용을 작성하는 것과 발표 자료 준비 간의 정해진 순서는 없습니다. 발표 준비 상황에 맞게 먼저 좋은 발표 자료가 있으면, 그것과 연관 지어 발표문을 만들면 됩니다. 발표문을 먼저 작성했다면 그에 맞는 발표 자료를 준비하면 되겠죠. 발표문을 작성할 땐 핵심 단어 위주로 작성할 수도 있고, 자세한 내용이 들어간 문장 형식의 발표문을 작성할 수도 있습니다. 여기에서 중요한 건 청중의 지식 수준 등을 고려해야 한다는 것입니다. 또한 발표문의 내용에 어울리는 발표 자료를 적절하게 준비하고 발표 내용에 맞게 배치하는 것도 중요합니다. 마지막으로 실제 발표할 때 발표문만을 보고 읽지 않도록, 주요 내용은 외워두는 것이 좋습니다.

발표하기

실제 발표하기 단계에서는 언어적인 내용의 전달뿐 아니라, 이미 이전에 배운 준언어적·비언어적 표현 또한 적절하게 활용하는 것이 좋습니다. 청중의 반응을 확인하기 위해 눈을 마주친다거나, 중요한 부분은 성량과 억양 등을 조정해 집중하게 하는 등의 방법을 잘 활용해야 합니다. 그리고 앞서 말했듯 발표 내용을 어느 정도 외워두는 것이 좋습니다. 어려운 내용이라면 발표 중간에 청중에게 질문하는 것도 좋겠죠.

다음으로 실제 학생들에게 발표를 시켰을 때 관찰한 문제점을 언급하고 넘어가겠습니다. 많은 학생이 발표할 때 발표문만 보고 읽습니다. 이런 학생들은 자료가 좋고, 준비한 내용이 좋아도 발표 태도와 실제 수행 능력에서 좋은 점수를 받기 어렵습니다. 또 다른 부류 중에는 발표 내용도 좋고, 실제 발표 자료와 태도가 다 좋은데 청중의 반응을 고려하지 않는 경우입니다. 이런 학생들은 여러 면에서 우수하지만, 청중을 배려하는 발표를 하지 못했기에 문제가 있습니다. 마지막은 발표 대상이 친구들이기에 존댓말로 시작한 발표가 도중에 반말로 바뀌고, 너무 편한 나머지 마치 일상적인 대화 상황이 이어지는 것처럼 발표하는 경우입니다. 이런 경우는 공식적인 말하기 상황인 발표에서 존댓말을 사용해야 한다는 생각을 미처 하지 못한 것이죠. 이외에도 많은 사례가 있으나 더 언급하진 않겠습니다. 여러분은 제가 알려준 것을 잘 참고해 발표하길 바랍니다.

평가하기

이 단계는 발표가 끝나고 말하는 사람과 듣는 사람 모두가 발표 내용에 따라 평가를 하는 단계입니다. 만약 말하기만 고려했다면, 발표로 모든 과정이 끝났을 것입니다. 그러나 우리는 듣기·말하기를 동시에 학습하는 것이 목표입니다. 교과서에서도 대부분 이 단계가 빠지지 않고 등장합니다. 여기에서 우리는 발표 내용에 대해 평가하고, 발표 자료가 정확한지, 배치가 적절했는지, 준언어적·비언어적 표현이 적절했는지를 판단합니다.

우리는 여러 평가 기준을 통해 본인의 발표를 실제 사람들이 어떻게 보고 있었는지, 본인은 자기 발표에 대한 평가를 어떻게 했는지 확인할 수 있습니다. 사실 선생님도 대학교 때 첫 발표할 때나, 교생 때 첫 수업을 할 때를 아직도 잊지 못합니다. 스스로 많은 준비를 했다고 생각했지만, 결과가 만족스럽지 않았기 때문이죠. 물론 그 이후에는 발표나 수업에 대한 준비를 더욱 철저히 하고 연습도 여러 번 해서 더욱 좋은 발표와 수업이 되었지만요.

🎓 우리가 알아야 할 것

- 계획하기 단계에서 노력을 기울일수록 이후 단계에서 할 일이 명확해집니다.
- 내용 생성, 내용 조직하기, 발표문 준비 단계에서 부족한 부분은 언제나 이전 단계로 돌아가서 수정할 수 있습니다.
- 발표 후에는 평가하기를 통해 본인의 발표를 돌아보는 기회를 갖는 것이 좋습니다.

다른 사람을 설득하기 위한 전략도 있다고?

무슨 의미냐면요

2015년 개정 교육과정에는 '설득 전략을 비판적으로 분석하며 듣기'라는 성취기준이 있습니다. 이에 따라 학습목표와 내용이 구성되어 있는데요. 강연이나 연설이 여기에 해당됩니다. 이와 관련된 단원은 강연 내용이나 유명한 연설을 통해 설득 전략을 확인하고 배우는 활동으로 구성되어 있습니다.

좀 더 설명하면 이렇습니다

논리적·이성적 설득 전략

먼저 '논리적·이성적 설득 전략'이 있습니다. 이때는 논증 방법인 연역법, 귀납법, 유추법 등을 활용합니다. 또한 전문가의 말을 인용하거나 믿을 만한 기관의 통계 자료를 활용해 본인의 주장을 뒷받침합니다.

감성적 설득 전략

다음으로 '감성적 설득 전략'이 있습니다. 감성적 설득은 말 그대로 듣는 사람의 분노심이나 자긍심, 동정심 등과 같은 감정을 불러일으켜 듣는 사람의 마음을 움직이는 전략을 말합니다. 예를 들어 어떤 문제에 대해 이야기할 때 우리와 가까운 곳에 있는 사례를 들어 공감을 불러일으키거나, 힘든 상황에 있는 사람들 앞에서 말할 때 본인의 경험이나 주변 사례를 통해 듣는 사람의 마음을 움직이는 방법이 있을 것입니다.

인성적 설득 전략

마지막은 '인성적 설득 전략'이 있습니다. 인성적 설득은 말하는 사람의 인성과 그가 전달하는 메시지에 대한 신뢰를 바탕으로 합니다. 이를 통해 듣는 사람의 마음을 움직이는 전략이죠. 이것은 같은 말이라도 누가, 어떻게 말하는가에 따라 그 효과가 달라질 수 있다는 것입니다. 예를 들어 '말하는 사람의 전문성' '신중한 언어 선택' '성실하고 진지한 자세'와 같은 것입니다. 물론 도덕성이나 사회성까지 갖추고 있는 것이 인성적 설득 전략에는 더욱 좋겠죠.

여러분은 앞에서 말한 세 가지 전략을 바탕으로 제시된 연설이나 강연에 대해 비판적으로 분석하며 내용을 평가하게 될 것입니다.

우리가 알아야 할 것

- 설득 전략에는 논증 방법이나 전문 자료 등을 통한 '논리적·이성적 설득 전략'이 있습니다. 또한 '감성적 설득 전략'은 듣는 사람의 감정에 호소해 설득을 유도하는 전략입니다.

- 두 가지 외에도 말하는 사람 자체의 인성과 함께 전달하는 태도, 단어 사용 등을 활용하는 '인성적 설득 전략'도 있습니다.

문제를 함께
해결하기 위한 토의

무슨 의미냐면요

우리는 보통 토의와 토론을 잘 구별하지 않습니다. 그런데 사실 둘은 다른 성격을 갖고 있습니다. 물론 어떤 문제를 해결하기 위한 말하기라는 것에는 차이가 없습니다. 다만 '토의'가 문제를 해결하기 위한 집단 대화의 방식이라면, '토론'은 상대방의 논리의 허점을 들어 우리의 주장이 적절하다는 것을 증명하는 말하기라는 점에서 다릅니다. 먼저 토의에 대해 알아보고 다음으로 토론에 대해 알아봅시다.

좀 더 설명하면 이렇습니다

토의는 어떤 공통된 문제를 협력적 사고를 통해 해결하는 방식입니다. 토의는 공통의 문제를 해결하기 위해 협력을 하는 것이기에 최대한 많은 인원이 다양한 의견을 제시하고 검토하는 것이 중요합니다. 사실 토의는 종류가 다양하고 개별적인 절차나 목적 등이 다르지만, 선생님은 중학교 수준과 교과서에서 필요로 하는 부분 정도를 설명할게요. 먼저 우리가 볼 수 있는 교과서에서 필요로 하는 토의 지식에 대해 확인해봅시다.

토의의 유형

토의의 유형으로는 보통 문제에 대해 배심원끼리 서로 직접 의견을 나누는 '패널토의(배심원 토의)', 개별적인 발표나 강연으로 이뤄지는 '심포지엄', 청중과 토의 참여자 간의 직접 토의가 이뤄지는 '포럼', 회원끼리 엄격한 절차에 따라 진행되는 '회의', 여러 참여자가 동등하게 토의하는 '원탁 토의' 등으로 다양합니다. 사실 개별적인 토의 지식은 중학교 교과서 수준에서 다루지 않기에 이렇게 언급만 하고 넘어가겠습니다.

토의 과정

교과서에서 볼 수 있는 토의 과정에 대해 확인해봅시다. 먼저 토의 주제를 정하는 것이 필요합니다. 그리고 토의를 하기에 앞서 토의 준비(토의의 방식, 토의에서의 역할, 토의 내용 마련) 또한 해야겠죠. 그리고 이를 바탕으로 준비 후에 실제 토의를 진행하게 될 텐데요. 보통 교과서에서는 토의 활동에 대해 '평가하기'를 통해 토의의 장·단점 및 태도 등을 점검합니다.

토의 참가자의 역할

다음으로 토의에서 참가자의 역할을 알아봅시다. 사회자는 토의의 계획과 준비, 토의의 실제적 진행, 토의 후 내용 정리와 마무리 등의 역할을 해야 합니다. 말 그대로 토의의 처음부터 토의자들에게 주제와 규칙을 알려주고, 청중의 반응을 신경 쓰며 토의를 진행시켜야 합니다. 그리고 토의 내용을 중간중간에 정리하고 토의 내용을 종합해 마무리해야 합니다. 생각보다 사회자가 많은 일을 하죠? 사회자가 그 역할을 제대로 했는가를 평가하는 건 여러분의 몫입니다.

그리고 발언을 하는 토의 참여자(토의자)의 역할을 봅시다. 먼저 토의 문제에 대해 사전 지식과 해결 방안을 생각해두는 것이 필요합니다. 그리고 토의가 진행될 때 본인의 의견을 말하고 적극적으로 협력해 문제를 해결하려는 노력이 필요합니다. 그리고 사회자의 지시에 따라 질서 있게 토의하고, 특히 다른 토의자의 의견을 경청하고 예의를 지켜 토의에 참여해야 합니다. 반대로 토의 문제에서 벗어나거나 불필요한 말을 삼가고, 상대방의 감정을 상하게 하는 말을 하지 않고 다른 사람의 말을 자르는 행동도 하지 않아야 합니다. 그리고 다른 토의자에 비해 혼자 오랫동안 이야기하는 것도 좋지 않습니다.

마지막으로는 청중이 있습니다. 물론 청중은 사회자와 토의자가 토의하는 전 과정을 지켜보겠지만, 토의 내용을 집중해서 듣고, 질의응답 시간이 있다면 적극적으로 참여해야 합니다. 그러나 실제 교실에서는 질의응답 시간이 없을 때가 있습니다. 이럴 때도 청중은 토의 참여자들이 토의를 적극적이고 협력적으로 하고 있는지, 그리고 문제 해결을 위한 의견 교환 등이 어떻게 일어나고 있는지 확인하는 것이 좋습니다.

 우리가 알아야 할 것

- 토의는 상대방과 협력적으로 문제를 해결하기 위한 집단 대화의 방식입니다.
- 토의 과정은 중학교 수준에서는 '토의 주제 정하기-토의 준비-토의-평가하기' 순으로 진행됩니다.
- 토의 참가자인 사회자, 토의자, 청중의 역할에 따라 토의하는 것이 중요합니다.

참고
자료

토의의 일반적인 과정

　중학교 수준에서는 제시되지 않지만, 참고로 토의의 일반적인 과정을 알아보겠습니다. 여러분이 어떤 교과서를 사용하게 될지 몰라 제시하는 것이니 꼭 외워야 하는 것은 아닙니다.

　먼저 토의 문제를 제시합니다. 토의가 진행되기 위해서는 우선 사회자가 토의하고자 하는 문제를 토의 참여자에게 전달하는 것이 필요하겠죠. 둘째로 토의 문제 분석이 필요합니다. 제시된 문제에 대해 원인을 조사하고, 자세하게 분석하는 것이 다음 단계를 위해 중요할 것입니다. 셋째로 해결안 제시를 합니다. 당연히 토의 참여자들은 논리적인 근거를 들어 해결책을 제시하는 것이 좋습니다. 넷째로 최선의 해결안을 선택합니다. 여기에서는 가장 바람직한 해결안을 객관적인 입장에서 선택해야 합니다. 다섯째로 실행 방안 모색을 합니다. 해결안에 대해서 구체적으로 어떻게 실행할지 방법을 찾아야 합니다. 여기까지가 토의에서 일반적으로 필요한 준비 과정입니다.

문제 엿보기

【문제】토의에서 사회자의 역할로 적절하지 <u>않은</u> 것을 고르시오.

① 참여자에게 토의 주제를 제시한다.
② 참여자들의 발언 순서를 안내한다.
③ 참여자에게 자신의 주장을 내세운다.
④ 참여자들의 발언을 정리해 말한다.

✎___ 이 문제는 사회자의 역할을 묻고 있습니다. 답은 어렵지 않게 찾을 수 있다고 생각하는데요. 토론과 토의 모두에서 사회자는 ③번과 같은 행동을 해서는 안 되겠죠? 사회자는 중립적인 입장에서 토론과 토의를 성공적으로 진행하는 것이 중요하니까요. 나머지는 토의 주제 제시, 발언 순서 안내 및 정리까지 모두 사회자의 역할로 적절합니다.

내가 옳다는 걸 증명하기 위한 말하기인 토론

무슨 의미냐면요

토론은 토의와 비슷하면서도 다릅니다. MBC에서는 〈100분 토론〉이라는 프로그램을 20년 넘게 진행하고 있습니다. 이걸 한 번이라도 봤다면 토론이 말로 하는 싸움이라는 걸 알 수 있을 겁니다. 그만큼 토론은 상대방에게 우리의 입장이 옳다는 것을 증명하는 것인데요. 특히 토론의 논제에 대해 명확하게 찬성과 반대로 나뉘는 것이 특징입니다. '토의'는 어떤 문제에 대해 중립적인 입장에서 접근할 수 있지만, '토론'은 아군과 적군이 분명히 존재합니다.

좀 더 설명하면 이렇습니다

토론은 토의보다도 훨씬 분명한 규칙이 있고, 토론을 지켜보는 사회자가 있습니다. 그리고 일부 토론은 배심원이 있어서 토론의 승패를 정해주기도 합니다. 우리가 평소에 접하기 어려운 부분이 있지만, 수능에서도 출제되는 부분이라 이 영역 또한 소홀히 할 수 없겠죠?

교육과정에서는 토론의 성취기준을 다음과 같이 정하고 있습니다. "토론에서 타당한 근거를 들어 논박한다." 그래서 여러분은 타당한 근거를 들어 상대방의 주장과 근거에 대해 반대되는 의견을 잘 제시하는 것을 목표로 하게 됩니다.

논제 정하기 및 논제의 기준

토론은 먼저 논제를 정해야 진행됩니다. 논제를 정하는 기준을 살펴봅시다. 논제는 먼저 찬성과 반대가 확실하게 구분되는 것으로 선정해야 합니다. 예를 들어 "금연 구역을 확대해야 한다."라는 논제를 보면 "금연 구역을 확대해야 한다."라는 입장과 "금연 구역을 확대하지 말아야 한다."라는 입장을 확실하게 정할 수 있겠죠. 논제가 어느 한 편에 유리하게 작용되는 감정적인 표현은 담기면 안 됩니다. 만약 "국민 건강에 좋은 금연 구역을 확대해야 한다."라고 하면, '국민 건강에 좋은'이라는 부분은 찬성 견해가 반영되었으니 중립적인 표현을 위해 삭제하는 게 좋습니다.

입장 정하기 및 준비하기

사실 논제가 정해졌으면 논제에 대해 찬성과 반대를 정해서 토론 준비를 하는 게 좋습니다. 물론 사회자의 역할과 배심원의 역할도 교과서나 학습 활동에 따라 정해집니다. 그리고 찬성과 반대 모두 쟁점에 따라 토론 개요서를 작성하고 자료를 수집합니다. 이를 통해 주장과 근거 등을 정리해 토론을 준비해야 합니다. 우리가 TV를 통해 보는 토론은 이런 것들이 확정된 이후 방송되는 것이죠.

대표적인 토론의 형식과 절차

이제 토론의 형식과 절차를 간단하게 알아보겠습니다. 토론에서는 '입론, 반론, 반박' 등의 용어가 많이 사용됩니다. 보통 고전적 토론은 찬성과 반대 측이 번갈아가며 입론을 하고, 반론 또한 한 번씩 주고받습니다. 표로 정리하면 아래와 같습니다.

	찬성 측		반대 측	
	토론자 1	토론자 2	토론자 1	토론자 2
입론	① 입론		② 입론	
		③ 입론		④ 입론
반론	⑥ 반론		⑤ 반론	
		⑧ 반론		⑦ 반론

[표] 고전적 토론의 절차

고전적 토론 이외에도 반대 신문식 토론이 실제로 많이 사용되는데요. 이 부분은 절차가 고전적 토론에 비해 복잡해 중학교 수준에서는 잘 나오진 않습니다. 간단하게 언급만 하겠습니다. 위의 고전적 토론에서 입론

사이에 상대 토론자가 반대 신문을 하는 절차가 추가적으로 생긴 것입니다. 상대방의 논리적 오류를 바로 지적하는 과정이 추가된 것이죠. 이것 또한 표로 간단하게 정리하고 넘어가겠습니다.

찬성 측		반대 측	
토론자 1	토론자 2	토론자 1	토론자 2
① 입론			② 반대 신문
④ 반대 신문		③ 입론	
	⑤ 입론	⑥ 반대 신문	
	⑧ 반대 신문		⑦ 입론
⑩ 반박		⑨ 반박	
	⑫ 반박		⑪ 반박

[표] 반대 신문식 토론의 절차

실제로 교과서에는 고전적 토론과 반대 신문식 토론의 절차를 합해 변형한 느낌이 듭니다. 그러니 개별 절차에 대한 상세한 설명은 하지 않는 것이 좋겠죠. 학습목표와 연관해 확인해야 할 부분만 언급하고 넘어가겠습니다.

입론이란?

입론은 찬성과 반대 입장에서 자기편의 주장과 근거를 제시하는 단계입니다. 이 단계에선 용어의 정의를 명확히 해야 합니다. 그렇지 않으면 토론의 범위 등이 제한되지 않거나 불리할 수 있습니다. 따라서 자신에게 유리하게 용어를 정의해야 합니다. 발언은 찬성 측부터 시작하고, 마지막 발언도 찬성 측에서 끝나게 됩니다. 이는 찬성 측이 먼저 쟁점에 관해 주장하는 게 불리하다고 생각해 마지막 발언의 기회를 주는 것입니다.

반론 및 반박

반론 및 반박에서는 상대방의 주장과 근거에서 허약한 부분이나 논리적인 오류를 지적해야 합니다. 또한 상대가 주장하는 것보다 본인의 주장이 옳다는 것을 강조하는 것이 좋습니다. 여러분의 교과서에 혹시 재반론의 절차가 나온다면, 상대의 약점 등을 공격해 본인의 주장을 다시 한번 배심원 등에게 알리는 과정이라고 생각하면 됩니다.

참여자 역할 및 평가

먼저 사회자는 토론의 논제와 배경을 설명하고, 토론의 절차와 규칙을 소개합니다. 그리고 토론을 규칙에 따라 이끌고 원활한 토론이 되도록 합니다. 배심원이나 심사위원은 토론 심사 기준에 맞게 양측을 평가해 승자를 정합니다. 따라서 객관적인 판정을 할 수 있도록 집중해서 토론 내용을 듣는 태도가 필요하겠죠.

그리고 어느 교과서에서든 최종 결론, 변론을 보고 토론에 대해 스스로 평가하는 활동으로 마무리됩니다. 왜냐하면 어느 쪽이 더 옳은 주장과 근거를 제시했는지 판정해야 하기 때문이죠. 실제로 예전에 제가 토론과 관련한 수행평가를 했을 때, 배심원 또한 활동지를 작성해 '제대로 판정할 수 있는가'에 대한 부분도 확인했습니다.

여기까지가 우리가 접하게 될 토론에 관한 이야기입니다. 여기서 중요한 것은 찬성이나 반대 측에서 타당한 근거를 들어 상대의 주장에 대해 반대 의견을 펼칠 수 있어야 한다는 것입니다. 여러분의 개별 교과서에 나온 토론 내용에 대해 여러분이 토론 참여자가 되었다고 생각하고 논리적인 허점을 잘 찾을 수 있기를 바랍니다.

🎓 우리가 알아야 할 것

- 토론은 찬성과 반대로 나뉘어 서로 옳다는 것을 증명하는 말하기입니다.
- 먼저 논제와 입장을 정하고, 자료 수집 및 개요서 작성을 통해 토론을 준비합니다.
- 입론 및 반론에서 해야 할 것들과 참여자 역할에 대해 명확히 알고 토론에 임합니다.
- 토론은 찬성 측과 반대 측의 주장과 근거를 비교하고 평가해 승자를 정하도록 합니다.

【문제】 다음은 토론의 일부입니다. 빈칸에 들어갈 내용으로 가장 적절한 것을 고르세요.

- 논제: 범죄 방지를 위해 학교 내 화장실에 카메라를 설치하자.
- 찬성 측: 교내의 화장실에는 카메라가 설치되어야 합니다. 화장실의 사각지대가 사라지면 학생들이 스스로 조심하게 되어 학교 폭력이 줄어들 것입니다.
- 반대 측: 저는 바로 그 점 때문에 화장실 카메라 설치에 반대합니다. 학교의 모든 화장실에 카메라가 설치된다면 ＿＿＿＿＿＿

---

① 외부인의 화장실 사용이 어려워지기 때문입니다.
② 설치 비용이 많이 들기 때문입니다.
③ 사생활 침해 우려가 크기 때문입니다.
④ 관리하기 어렵기 때문입니다.

✎＿ 위의 토론에서는 찬성 측과 반대 측이 논제에 대해 번갈아가며 주장하고 있습니다. 이 문제는 빈칸에 대한 내용을 묻는 것이기에 반대 측 주장의 근거로 적절한 것을 찾아야 합니다. 찬성 측에서 화장실의 사각지대가 사라져 학생들이 행동을 조심한다고 했으므로, 그와 반대로 카메라 때문에 사생활 침해 우려가 크다고 한 ③번이 정답이 됩니다. 여기에서는 어떤 주장을 할 때, 그에 대한 근거가 필요하다는 점을 확인해야겠습니다.

이 영역을 같이 정리하는 이야기

듣기·말하기에 관한 내용을 살펴봤습니다. 여러분이 평소 생각하는 것보다 듣기·말하기 내용이 많다는 걸 알 수 있었을 겁니다. 이제 선생님이 중요하다고 생각하는 부분을 중심으로 간단하게 내용을 정리하겠습니다. 우리는 듣기·말하기를 통해 상대방과 서로 의미를 공유합니다. 여기에서 의사소통을 할 때 언어적인 것뿐만 아니라 준언어적·비언어적 표현 또한 활용합니다. 이런 의사소통에서 우리는 의미를 수동적으로만 받아들이지 않습니다. 의미를 적극적으로 이해하고, 이어질 말이나 생략된 내용을 추론하거나, 여러 기준에 따라 비판적으로 듣기 등 여러 듣기 유형을 활용해 듣기 활동을 합니다.

한편 우리는 누군가와 일상적인 대화만 하는 것이 아니라, 어떤 목적을 갖고 대화를 진행하는 면담 상황도 맞닥뜨릴 수 있습니다. 그리고 수행평가든, 일상생활에서든 여러 사람 앞에서 말하기를 해야 할 상황도 생길 수 있습니다. 우리는 이런 상황들을 위해 준비해야 합니다. 이렇게 준비를 하고서도 여러 사람 앞에서 말할 때 불안감을 느낄 수 있으니, 철저한 연습과 심리를 안정시키는 방법도 잘 활용해야겠죠. 그리고 특히 발표 상황에서는 이런 연습과 함께 매체 자료, 준언어적·비언어적 표현을 활용해 발표하는 것이 좋습니다.

발표보다 더 많은 청중을 대상으로 하는 연설이나 강연을 들을 때는 어떻게 해야 할까요? 연설자나 강연자가 설득을 목적으로 말하기를 한다면, 그 내용에 대해 비판적인 기준을 갖고 들을 수 있어야 합니다.

마지막으로 집단 의사소통으로 볼 수 있는 토의와 토론을 떠올려봅시다. 토의와 토론은 협력적이냐, 경쟁적이냐에 따라 나뉩니다. 공통의 문제를 해결하기 위한 것이 '토의'이며, 어느 편의 의견이 옳고 그른가를 나누는 것은 '토론'입니다. 물론 그 안에서도 여러 종류가 있는데, 기억이 잘 나지 않는다면 다시 앞에서부터 읽는 것이 좋겠죠?

읽기에도
전략이 있다

중학교 교육과정 이야기

2015년 개정 교육과정에서 읽기 영역의 성취기준은 다음과 같습니다.

> 한 편의 글을 읽어내는 독서 경험을 바탕으로 읽기의 가치와 즐거움을 아는
> 능동적인 독자를 기르는 데 중점을 둔다.

성취기준을 보고 교과서를 살펴보면 한 편의 완결된 글을 읽게 하려는 노력을 엿볼 수 있습니다. 그리 길지 않은 읽기 지문들이 교과서에 배치되어 있죠. 여기에서 말하는 읽기 지문이라는 것은 다양한 분야의 글을 말하는데 인문, 사회, 과학 등의 글입니다. 평소 우리는 뉴스 기사 등을 인터넷으로 읽게 되는 경우도 있고, 시간이 흘러 대학교에 가면 교양 수업 및 전공에 따라 아주 다양한 분야의 글을 접하게 되겠죠. 이런 점을 고려해 중학교에서 독서 경험을 쌓는 것이 이후의 교육에 있어 중요하다고 판단했을 것입니다.

또한 '문제 해결적 사고 과정으로서의 읽기'의 특성을 이해하고, 독서 목적에 따라 적절한 읽기 방법을 적용해 다양한 유형의 자료를 비판적으로 읽으며, 적극적으로 의미를 구성하는 데 주안점을 두고 있습니다. 여기서 '문제 해결적 사고 과정'이라는 것은 우리가 읽기를 할 때, 어떤 목적에 따라 문제를 해결하기 위해 독서를 한다는 것입니다. 그리고 읽기 자료를 다양하게 읽으면서도 글을 일방적으로 받아들이는 것이 아니라, 일정한 기준을 두고 읽어야 합니다. 이런 과정을 거쳐 여러분이 직접 글

을 읽고 머릿속에 의미를 정리할 수 있어야 제대로 된 읽기가 되었다고 볼 수 있는 것이죠.

학교에서 학생들에게 읽기 지문을 읽어보라고 하면, 보통 글에 아무런 표시를 하지 않거나 거의 모든 곳에 줄을 긋습니다. 실제로 읽기 지문에서는 중요한 부분을 체크하거나 문제에서 요구하는 부분에 초점을 맞춰야 하는데도 말이죠. 그래서 이번 영역에서는 실제로 많이 사용되는 읽기 방법과 함께 교과서에서 요구하는 읽기 능력과 문제 풀이를 위한 읽기에 대해 알아보겠습니다.

공부 방향에 대한 이야기

여기에서는 일단 교육과정에서 다루는 학습요소에 대해 거의 다 배우게 될 것입니다. 그리고 교과서에서는 다루지 않지만, 여러분이 알고 있으면 좋을 내용도 추가적으로 알려줄 것입니다.

구체적으로는 대부분의 교과서에 중복해서 나오는 '요약하기, 설명 방법, 논증 방법' 등입니다. 이런 읽기 지식을 바탕으로 여러분이 평소 독서와 관련된 활동을 충실히 해나간다면 국어에 대한 두려움이 점점 사라질 것입니다.

특히 중학교를 졸업하면 여러분은 입시를 위한 공부를 하게 될 것입니다. 이때는 여러 영역의 독서를 자유롭게 할 수 있는 시간이 부족합니다. 그래서 여러분이 이 책을 통해 학습한 후에도 자율적으로 독서를 꾸준히 해나갔으면 좋겠습니다.

제대로 읽기 위한
독서 방법을 소개합니다

무슨 의미냐면요

읽기를 잘하는 방법에는 무엇이 있을까요? 제가 생각하기에도 참 어렵고 부담스러운 질문입니다. 실제로 여러 독서 방법이 시중에 소개되어 있지만, 거기에서도 대표적인 SQ3R을 살펴보며 여러분들에게 필요한 내용을 덧붙이겠습니다. 제가 생각하기에 이 방법은 여러분이 개인적으로 읽고 싶은 책을 읽거나, 책에서 가능한 많은 정보를 기억하는 데 목적이 있을 때 적용하면 좋을 것 같습니다.

좀 더 설명하면 이렇습니다

첫째, 훑어읽기(Survey) 단계는 읽기 전 사전 조사를 하는 단계로, 목표를 달성하는 데 필요한 정보를 최대한 많이 수집합니다. 여기에서는 '머리말, 요약문, 각 장의 표제어, 부제목' 등을 통해 앞으로 읽을 내용을 머릿속에 구성합니다. 실제로 여러분이 배우게 될 독서 활동에서도 여기에서의 활동은 책 읽기 전 활동으로 유용합니다.

둘째, 질문하기(Question) 단계에서는 앞 단계에서 알게 된 제목이나 소제목 등으로 질문을 만듭니다. 예를 들어 "정신분석학의 성격 구조는 무엇이 있는가?" "성격은 어떤 발달과정을 거치는가?" 등으로 질문을 만드는 것입니다. 이런 질문은 글을 읽는 동안 해답을 찾기 위한 도전적인 자세와 읽는 것에 대한 동기를 유발하고, 내용에 관심과 흥미를 갖도록 합니다. 이 부분 또한 책 읽기 전 활동으로 아주 적절한 활동입니다. 왜냐하면 책을 읽기 전에 궁금한 부분이 있으면 책을 더 적극적으로 읽을 것이기 때문이죠.

셋째, 읽기(Read) 단계에서는 앞 단계의 질문에 대한 답을 찾는 마음으로 질문과 관련된 내용을 처음부터 끝까지 읽어나갑니다. 만약 읽고 있는 내용에서 질문에 대한 답을 찾을 수 없다면, 처음 제시한 질문을 수정해야 합니다. 실제로 읽어도 답을 찾을 수 없는 질문이 있다면 본인이 답을 찾은 내용과 관련해 질문을 수정하든지, 질문 자체를 없애든지 해야겠죠? 지금 단계에서는 여러분이 답을 찾으며 꼼꼼히 읽는 과정이 중요합니다.

넷째, 되새기기 또는 암송하기(Recite) 단계에서는 질문에 대한 답을 찾은 후 읽은 내용을 자신의 언어로 표현해봅니다. 이 과정은 자신이 읽은 내용을 확인하는 것입니다. 만약 자신이 읽은 내용을 암송하지 못한다면 충분히 그 내용을 습득하지 못했다고 할 수 있기에 다시 읽는 것이 학습에 도움될 것입니다. 사실 이 단계는 본인이 얼마나 독서 내용을 기억하고 있는가를 점검하는 단계입니다. 실제로 여러분이 독서를 많이 해도 배경지식을 갖추지 못하는 건 다시 한번 돌아보는 시간을 갖지 않아서입니다. 물론 흥미를 만족시키기 위한 독서라면 모르겠지만, 어떤 지식이나 개념을 알려주는 책은 이런 과정이 필요합니다.

다섯째, 복습하기(Review) 단계에서는 읽은 세부 내용을 모두 암송하고, 자료 간의 관계를 조직하며, 읽은 것과 일상생활 속의 예를 관련지어 학습합니다. 만약 읽는 동안 노트 필기나 메모를 했다면 그 자료를 읽으면서 복습합니다.

앞에서 소개한 방법을 모든 독서 활동에 적용하기는 어려울 것입니다. 여러분이 학교 시험 문제에서 접하게 될 독서는 제한된 시간 내에 문제가 원하는 정보를 선택적으로 찾아내는 것이 목적이기 때문이죠. 하지만 여러분이 개인적인 목적으로 독서할 때 이런 독서 방법이 도움이 될 수 있을 것이라고 생각합니다.

🎓 **우리가 알아야 할 것**

- 책을 잘 읽고 싶다면 SQ3R 독서 방법을 활용하는 것이 좋습니다.
- '훑어읽기-질문하기-읽기-되새기기-복습하기'의 단계로 책을 읽어봅시다.

읽기에도
차이가 있다

무슨 의미냐면요

듣기에도 여러 방법이 있다는 것을 앞부분에서 배웠습니다. 이처럼 읽기에도 여러 방법이 있습니다. 중학교 수준에서는 배우지 않지만, 고등학교에서는 이 부분의 내용을 가르치고 있습니다. 여러분도 알아두면 좋을 만한 내용입니다. 그럼 어떤 것이 있는지 간단하게 살펴보겠습니다.

좀 더 설명하면 이렇습니다

첫째, 사실적 읽기(이해)입니다. 이 부분은 앞에서 살펴본 '의미 수용 과정으로서의 듣기'와 유사한 면이 많습니다. 기본적으로 읽기를 할 때 '중심 내용, 주제, 글의 구조, 전개 방식' 등 사실적 내용을 파악하며 읽는다는 것입니다. 여러분이 실제로 읽기를 할 때 반복되는 단어 등을 통해 중요도를 파악하고, 문장에 담긴 의미를 이해하며, 글의 구조 등을 정리하는 과정 또한 사실적 읽기에 해당하는 것이겠죠. 간단하게 글에 드러나는 표면적 의미 파악을 하는 것이라고 생각하면 좋겠습니다.

둘째, 추론적 읽기(이해)입니다. 추론적 읽기는 사실적 읽기에서 더 나아가 표면적으로 드러나지 않은 것을 파악하는 데 중점을 둡니다. 우리가 어떤 글을 읽을 때 글을 쓴 필자가 모든 것을 설명하며 글을 쓰지는 않습니다. 글을 읽는 사람이 알고 있을 것이라고 생각해서 생략한 정보도 있고, 해당 주제에 대한 견해를 간접적으로 표현하는 경우도 있습니다. 추론적 읽기는 우리가 글에 나타난 것을 바탕으로, 글에 나타나지 않은 것을 찾는 읽기라고 생각하면 좋습니다. 우리가 이후에 배울 '예측하며 읽기' 부분과 사고 과정에서 비슷한 면이 많습니다.

셋째, 비판적 읽기(이해)입니다. 여기에서는 글에 드러난 관점이나 내용, 글에 쓰인 표현 방법, 필자의 숨겨진 의도나 사회·문화적 이념을 비판하며 읽는 과정을 중요시합니다. 이것은 우리가 글을 읽을 때 글의 정보가 정확한 것인지, 주장이나 근거가 타당하거나 공정성이 있는지에 대해 판단하며 읽는 것입니다. 어떤 글을 무비판적으로 읽는 건 여러분의 독서 활동에 좋지 않습니다. 이후에 배울 '논증 방법 파악하며 읽기'에서 논증 방법이 적절한 것인지를 판단하는 것도 이것과 연관이 있습니다.

넷째, 감상적 읽기(이해)입니다. 앞에서 소개한 세 가지 읽기 방법은 글의 이해를 위한 읽기였습니다. 하지만 감상적 읽기는 글에서 공감하거나 감동적인 부분을 찾고, 이를 바탕으로 글이 주는 즐거움과 깨달음을 수용하는 것입니다. 감상적으로 읽는 것을 중요시하는 것이죠. 이런 읽기는 문학작품뿐만 아니라 실용문에서도 적용할 수 있습니다.

다섯째, 창의적 읽기(이해)입니다. 여기에서는 글에서 자신과 사회의 문제를 해결하는 방법이나 필자의 생각에 대한 대안을 찾으며 창의적으로 읽는 것을 중점으로 합니다. 이것은 우리가 글을 읽으며 글에서 나타나는 사회의 문제점 등을 고민하고, 해결 방안이나 대안 등을 찾아보는 읽기 활동입니다. 여러분이 글을 읽을 때, 수동적으로 받아들이는 것이 아니라 능동적으로 활동하는 것을 권장하는 것이죠.

앞에서 설명한 것들이 교육과정에서 제시한 읽기 활동입니다. 여러분의 읽기 활동이 보다 능동적이고 주체적일 수 있도록 안내한 것이니, 앞으로 여러 종류의 글을 대할 때 활용했으면 좋겠습니다.

우리가 알아야 할 것

- 사실적, 추론적, 비판적 읽기는 내용 이해에 초점을 두는 읽기 방법입니다.
- 감상적 읽기는 글에서 공감이나 감동을 느끼는 것에 중점을 둡니다.
- 창의적 읽기는 우리 주변의 문제 해결을 위한 적극적인 읽기 방법입니다.

문제 해결을 위한
방법으로서의 읽기

무슨 의미냐면요

교과서에는 이 부분의 성취기준이 다음과 같이 나오고 있습니다.

글에 나타난 정보와 독자의 배경지식을 활용해 문제를 해결하며 읽는다.

실제로 여러분은 독서를 할 때 많은 경험을 합니다. 어떤 목적을 달성하기 위해, 과제를 해결하기 위해 읽기도 하죠. 그리고 여러분은 실제 책을 읽는 도중에도 많은 문제를 해결합니다.

좀 더 설명하면 이렇습니다

이 단원에서는 지문을 읽거나 책을 읽을 때, 본인이 확인한 문제를 어떻게 해결해야 하는지 배우게 됩니다. 그러기 위해서는 먼저 글에 나타난 정보를 파악해야겠죠. 예를 들어 '모르는 단어, 이해가 어려운 문장, 주제나 중심 생각'을 파악하는 것입니다. 그리고 문제 해결을 위한 읽기는 배경지식이 도움 되는 경우가 많습니다. 이와 관련된 내용에 대해 간단히 소개하겠습니다.

스키마

스키마(Schema)는 개인이 갖고 있는 지식이나 경험의 총체를 일컫는 말입니다. 그래서 스키마를 '배경지식'이라고 부르기도 합니다. 스키마는 우리가 글을 읽을 때 글의 의미를 이해하고, 예측하고, 추론·비판하는 등의 행위에 영향을 끼칩니다. 그리고 글의 내용을 기입 및 인출하는 등의 행위에도 영향을 끼칩니다. 즉 글을 읽을 때 스키마를 적절히 활용하면, 글을 좀 더 쉽고 풍성하게 이해할 수 있고 오랫동안 기억할 수 있습니다.

스키마는 흔히 '내용 스키마'와 '형식 스키마' 두 가지로 나눌 수 있습니다. 예를 들어 백색 소음에 대한 설명문이 있다고 합시다. 그러면 백색 소음의 뜻과 종류, 현실에서의 예시 등은 내용적인 지식으로 '내용 스키마'입니다. 한편 '형식 스키마'는 여기에서 사용된 '정의, 예시, 비교·대조, 분석' 등의 설명 방법에 대한 지식, '처음-중간-끝'의 글 구조 등 보다 큰 틀과 같은 배경지식을 말하는 것입니다. 물론 여러분이 읽기를 하며 문제를 잘 해결하려면 둘 다 중요하게 여겨야겠죠.

🎓 우리가 알아야 할 것

- 스키마는 배경지식과 관련된 것으로 우리가 읽기를 할 때 활용하면 효율적입니다.
- 스키마는 내용적인 지식인 '내용 스키마', 설명 방법이나 글 구조 등의 지식인 '형식 스키마'가 있습니다.

읽기에도
점검이 필요하다

무슨 의미냐면요

교과서에는 이 부분의 성취기준이 다음과 같이 나오고 있습니다.

자신의 읽기 과정을 점검하고 효과적으로 조정하며 읽는다.

이 단원에서는 이전에 언급한 효과적인 독서 방법인 SQ3R과 추가적인 방법들을 제시해 여러분의 읽기 생활에 적용할 수 있도록 하고 있습니다. 주요 내용은 여러분의 읽기 과정 전반에 걸친 전략과 점검 내용에 관한 것입니다. 여러분이 읽기를 할 때 보통 세 가지 과정을 통해 읽기 과정을 점검하고 조정하는 것이 좋습니다. 먼저 읽기 전에 하면 좋은 활동을 알아보도록 합시다.

좀 더 설명하면 이렇습니다

읽기 전 활동

읽기 전에는 어떤 활동을 하는 게 좋을까요? 구체적으로 말해보면 '독서 시간, 독서 분량, 독서 방법' 등을 정하는 게 좋습니다. 이걸 통틀어 '독서 계획'이라고 말하죠. 독서 또한 어떤 문제를 해결하는 과정입니다. 그래서 계획이 있으면 구체적인 목적을 달성하기 좋겠죠. 이런 목적을 달성하기 위해서는 독서 목적 또한 구체적으로 설정해야 합니다. 그리고 글을 읽기 전에 미리보기를 하는 것이 좋죠. 제목이나 목차, 머리말 등을 통해 본인의 배경지식을 떠올리면 실제 독서 활동을 원활하게 할 수 있을 것입니다.

미리보기를 하면서 의문이 드는 부분은 미리 예측하기 활동을 하는 것도 좋습니다. 실제 글을 읽으며 예측한 것이 맞는지 확인하면 더욱 능동적이고 적극적으로 독서를 할 수 있으니까요. 마지막으로 '배경지식 활성화하기' 활동도 좋습니다. 물론 미리보기에서 배경지식을 떠올릴 수도 있습니다. 그러나 우리는 앞서 배경지식에 내용 스키마와 형식 스키마가 있다는 걸 배웠죠? 이걸 잘 파악하며 배경지식을 활성화하는 게 좋습니다.

읽는 중 활동

글을 읽는 중에는 점검을 하며 읽는 것이 좋습니다. 물론 기본적으로 집중해서 글을 읽는 것이 좋고, 형식 스키마와 관련해 글의 구조를 파악하며 읽는 것도 좋습니다. 글의 구조를 파악하며 글을 읽으면 이해하기 쉽고 기억하기도 쉽습니다. 그리고 문장이나 문단 간의 관계를 잘 파악할 수 있어, 글을 읽은 후 정리하기도 쉽습니다. 이런 활동을 바탕으로 글 구조도를 간단하게 작성하는 것도 도움이 됩니다. 물론 여러분이 시험을 볼 때는 시간이 촉박해서 읽기 활동을 하며 글 구조도를 작성하지 못할 것입니다. 그러니 어느 정도 시간이 주어지는 독서 상황에서 적용하기 바랍니다.

또한 질문에 대한 답을 찾으며 읽기, 추론하며 읽기 또한 읽는 중 활동으로 적절합니다. 왜냐하면 읽기는 문제 해결 과정이기 때문이죠. 글쓴이는 글에서 자신의 생각이나 의견을 드러내지 않을 때도 있습니다. 이럴 땐 반복되는 내용이나 강조하는 단어 등으로 글쓴이의 생각이나 의견을 추론하며 읽는 게 필요합니다. 이 방법은 글 전체 이해에 많은 도움이 됩니다.

사람의 기억에는 한계가 있기에 읽기를 하다 보면 글의 흐름을 놓치는 경우가 있습니다. 이럴 땐 메모하며 읽기를 통해 주요 내용에 표시를 하거나 메모를 할 수 있습니다. 그리고 글을 읽는 도중에도 점검하기를 하는 것이 좋습니다. 본인의 읽기 활동 중에도 몇 가지 항목을 점검하며 읽기를 체계적으로 하는 것이죠. 점검하는 항목은 다음과 같습니다. "집중해서 읽고 있는지?" "목적을 생각하고 읽고 있는지?" "잘못 읽는 부분은 없었는지?" "선입견이나 편견을 갖고 읽고 있지는 않는지?" "읽기 전략을 적절히 활용하고 있는지?" "배경지식을 적절히 활용하고 있는지?" 등입니다.

읽기 후 활동

읽기 후 하기 좋은 활동으로는 요약하기 활동이 있습니다. 당연히 글 전체에서 주요 내용을 중심으로 정리하는 건 필요합니다. 본인이 읽은 내용을 이해한 대로 정리하는 건 효율적인 읽기 활동이죠. 그리고 '중심 내용 또는 주제 파악하기' 활동 또한 좋습니다. 글에서 중심 내용과 주제는 가장 핵심적인 내용입니다. 그것을 찾는 건 본인의 읽기 과정을 점검하기에 좋은 활동입니다. 또한 글의 장르에 따라 이전에 배운 비판적 읽기와 감상적 읽기를 적용하는 것도 도움이 됩니다. 여기까지가 글을 읽을 때 하면 좋은 전략과 방법에 대한 설명이었습니다. 여러분의 평소 독서 활동에도 적용하면 좋을 것입니다.

🎓 우리가 알아야 할 것

- 독서(읽기) 목적 정하기, 미리보기, 배경지식 활성화하기 등은 읽기 전 활동입니다.
- 스키마를 활용해 정독하기, 질문과 답을 찾으며 읽기, 메모하며 읽기 등은 읽기 중 활동입니다.
- 중심 내용 및 주제 파악하기, 요약하기 등은 읽기 후 활동입니다.

우리 눈에 보이는 것들은 정말 '눈에 보이는 대로'만 존재할까? 신경과학 분야의 국제 학술지에 '우리 가운데에 있는 고릴라'라는 제목의 논문이 게재됐다. 하버드 대학교 심리학과 연구자들은 흰 옷과 검은 옷을 입은 학생들을 두 주로 나누어 같은 조끼리만 농구공을 주고받게 하고 그 장면을 동영상으로 찍었다. 연구자들은 이 영상을 사람들에게 보여주면서 검은 옷을 입은 조는 무시하고, 흰옷을 입은 조의 패스 횟수만 세어 달라고 요구하였다. 실제 이 영상에는 고릴라 의상을 입은 학생이 가슴을 치고 퇴장하는 장면이 있는데, 그들의 절반은 이것을 전혀 인지하지 못했다. 도대체 이들은 왜 고릴라를 보지 못했을까? 이것은 '무주의 맹시' 때문이다. 이는 시각이 손상되어 물체를 보지 못하는 것과 달리 물체를 보면서도 주의를 기울이지 않아서 인지하지 못하는 경우를 말한다.

인간은 눈을 통해 빛을 감지하고 사물을 보지만 눈 자체로 세상을 인식하는 것은 아니다. 눈으로 들어온 빛이 망막의 시각 세포에 의해 전기적 신호로 변환되고 이 신호가 시신경을 통해 노의 시각 피질로 들어올 때 세상을 본다고 느끼는 것이다. 시각 피질은 약 30개의 영역으로 구성된 복합적인 영역으로, 물체의 기본적인 이미지를 구분하는 영역, 형태를 구성하는 영역, 색을 담당하는 영역, 운동을 감지하는 영역 등 다양한 영역이 조합되어 종합적으로 사물을 인지한다. 예를 들어 시각 피질의 영역이 제 기능을 하지 못하면 세상이 흑백으로 보이며, 운동을 감지하는 영역이 손상되면 질주하는 자동차도 느리게 움직이는 것처럼 보인다.

　　이처럼 감각 기관으로 들어오는 정보를 고스란히 받아들이지 않고 제 입맛에 맞는 부분만 편식하는 것은 뇌의 보편적인 특성이다. 뇌의 많은 영역이 시각이라는 감각에 배정되어 있음에도 눈으로 받아들이는 모든 정보를 보이는 그대로 뇌가 빠짐없이 처리하기는 어렵다. 우리의 뇌는 선택과 집중, 적당한 무시의 과정을 거쳐 세상을 보기 때문에 있어도 보지 못하거나 잘못 보는 경우도 많은 것이다.

– 이은희, 『고릴라를 못 본 이유』

【문제】〈자료〉의 ㉠~㉣ 중 윗글을 읽는 과정에서 해결할 수 있는 질문으로 가장 적절한 것은?

〈자료〉

㉠ 고릴라가 아니라 사자였다면 어땠을까?
㉡ 무주의 맹시는 무엇을 말하는 것일까?
㉢ 후각은 뇌에서 어떻게 인식하게 되는 것일까?
㉣ 하버드 연구자는 왜 이런 연구를 진행했을까?

---

① ㉠　　　　② ㉡　　　　③ ㉢　　　　④ ㉣

✎　　실제 국가수준 학업성취도 평가에 나왔던 문제와 유사하게 만들어진 문제입니다. 정답은 몇 번일까요? 질문에 해당하는 내용을 빠르게 '밑줄 긋기' 등으로 표시했다면 어렵지 않게 풀 수 있었을 것입니다. 정답은 ②번으로 첫째 문단 끝에서 정의를 내려 설명하고 있습니다. 나머지는 본문에서 찾을 수 없는 내용입니다.

우리는 알게 모르게
결말을 예측하며 읽는다

무슨 의미냐면요

교과서에는 이 부분의 성취기준이 다음과 같이 나오고 있습니다.

> 독자의 배경지식, 읽기 맥락 등을 활용해 글의 내용을 예측한다.

이건 여러분이 배경지식을 어떻게 활용할 것인지, 읽기 맥락을 잘 활용할 수 있는지를 알아보는 것입니다. 보통 이 단원에서는 읽기 지문을 보고 미리 예측하고, 이 예측이 맞았는지 등을 확인하며 읽기 활동을 합니다. 이 부분은 이미 이전에 언급한 내용이 많아 좀 더 보충하고 넘어가겠습니다.

좀 더 설명하면 이렇습니다

예측하기 활동은 보통 '제목, 목차, 글의 앞부분, 책 전체'를 보며 합니다. 그리고 글을 읽는 중에도 계속 예측하면서 읽는 것이 좋습니다. 예측하기 활동은 본인의 배경지식을 활용합니다. 따라서 읽는 내용을 자신의 읽기 경험과 더욱 적극적으로 연결할 수 있습니다. 보통 읽기 맥락은 글의 제목이나 흐름, 차례, 글에 드러난 정보, 그림이나 사진, 도표 등에 직접 드러납니다. 혹은 숨겨지기도 하죠. 하지만 이게 전부가 아니라 글과 관련된 외적인 상황에서도 파악될 수 있습니다. 글을 읽는 시간적, 공간적인 맥락인 '상황 맥락', 하나의 사회 집단이 구성한 지식을 통해 파악하는 '사회·문화적인 맥락'이 있습니다.

어떤 글에 특정 시대나 가치관이 반영되었다면, 현재 우리가 읽는 시대의 사회·문화적인 상황을 고려해서 읽어야 합니다. 예를 들어 조선 시대에 쓰인 소설에서 보이는 남존여비 사상이나 신분제 문제에 대해 현재 관점에서 무조건 비판적으로만 감상할 순 없겠죠. 만약 그렇게 된다면 그 시대의 문학작품에 대한 평가는 부정적일 수밖에 없습니다. 이제 간단하게 정리해봅시다.

우리가 알아야 할 것

- 글을 읽기 전이나 읽는 중에 예측하기 전략을 활용하며 읽는 것이 이해에 좋습니다.
- 글에 드러난 내용뿐 아니라 외적인 맥락인 사회·문화적 맥락을 고려해 글을 읽는 것도 중요합니다.

【문제】 글의 첫째 문단의 내용을 고려할 때, 빈칸에 들어갈 내용으로 가장 적절한 것은?

> 남극과 북극 가운데 어디가 더 추울까? 남극이 훨씬 춥다. (중략) 역사상 최저 기온은 영하 89도였다. 이러한 기후 조건 때문에 남극에는 연구를 목적으로 거주하는 사람들 외에는 원주민이 없다. 왜냐하면 남극의 추위를 견뎌내기가 그만큼 어렵기 때문이다.
>
> 북극은 주변에 있는 바다와 해류의 영향을 받는다. 얼음 덩어리보다 상대적으로 온도가 높은 바다에서 상승하는 따뜻한 공기 때문에 겨울에는 최저 기온이 영하 30~40도까지 내려가지만, 여름에는 영상 10도 정도로 비교적 따뜻하다. 그리고 북극에는 (   ).
>
>   – 고현덕 외, 『살아있는 과학 교과서1』

① 남극처럼 너무 추워서 아무도 살 수 없다.
② 모든 생물이 심해에 살아 시력이 퇴화되어 있다.
③ 빙하가 너무 깊게 자리 잡고 있어서 주의해야 한다.
④ 우리가 에스키모라고 알고 있는 원주민인 이누이트인들이 살아가고 있다.

✎ 이 문제의 정답은 ④번입니다. 제가 문제에서 하나의 조건을 달았습니다. 첫째 문단의 내용을 고려하라고 했죠. 첫째 문단을 보면 남극에는 추위가 심해 원주민이 없다고 합니다. 그리고 둘째 문단에서 북극은 기온이 비교적 따뜻하다는 내용이 전개되고 있습니다. 따라서 이후의 내용을 예측한다면 남극과는 대조적으로 북극이 따뜻하기 때문에 사람이 살 수 있다는 내용이 들어가야 합니다.

요약을 통해
읽기를 완성하자

무슨 의미냐면요

교과서에는 이 부분의 성취기준이 다음과 같이 나오고 있습니다.

읽기 목적이나 글의 특성을 고려해 글의 내용을 요약한다.

이 부분은 요약하기 활동을 할 때 하면 좋은 방법과 점검할 내용 정도만 언급하고 넘어가겠습니다. 왜냐하면 여기에서는 보통 여러분이 요약하기 전략이나 방법을 사용해 직접 활동하는 것에 의의를 두기 때문입니다.

좀 더 설명하면 이렇습니다

먼저 글에서 반복적으로 나오는 단어를 확인하는 게 좋습니다. 글쓴이가 중요하다고 생각해서 반복적으로 나오는 것이기 때문이죠. 따라서 반복적으로 등장하지 않거나 크게 중요하지 않다고 판단하는 단어는 삭제하는 것이 좋습니다. 그렇게 되면 되도록 글쓴이가 중요하다고 생각하는 부분만 남게 되겠죠. 그리고 글쓴이의 생각이 직접 드러난 부분 등을 잘 표시해두는 것이 좋습니다. 여러분이 이미 확인한 주요 단어를 중심으로 글쓴이의 생각이 직접 드러난 부분을 정리하면, 중심 내용을 요약하기 쉬울 테니까요.

덧붙이자면 중심 내용을 요약할 때 주요 단어 중에서 하위 단어는 상위 단어로 바꾸는 것도 좋은 전략입니다. 예를 들어 다양한 찌개(김치찌개, 된장찌개 등)에 대해 나열하는 문단이 있다면 간단하게 '찌개의 예시'라고 줄일 수 있겠죠. 또한 차근차근 주요 단어를 중심으로 문장을 만들기가 어려울 때는 마인드맵을 활용해 내용을 정리하거나, 내용 구조도와 같은 간단한 도표를 활용하는 것도 좋습니다. 예를 들어 3단 구성이나 인과 구조, 문제 해결 구조 등에 맞게 정리하는 것이죠. 마인드맵이나 글 구조도를 확인하고, 그 내용을 중심으로 천천히 문장을 만들고, 전체적인 내용을 차근차근 정리하는 것입니다.

마지막으로는 글의 종류에 따라 정리하는 방법이 다릅니다. 설명하는 글이나 주장하는 글은 각 문단의 중심 내용을 찾아 글의 순서나 주제에 따라 정리합니다. 그러나 소설이나 서사적인 글은 시간이나 사건의 순서에 따라 내용을 정리하는 것이 좋습니다.

우리가 알아야 할 것

- 읽기 후에 요약하기를 하면 글을 이해하고 정리하는 데 많은 도움이 됩니다.
- 요약하기는 주요 단어 파악하기, 글쓴이의 주장이나 생각 찾기, 마인드맵 활용하기, 내용 구조도 작성 등의 전략을 활용하는 것이 좋습니다.
- 글의 종류에 따라 내용을 정리하는 방법도 다릅니다.

  겨울만 되면 정전기가 기승을 부린다. 정전기란 전하가 정지 상태로 있어 그 분포가 시간적으로 변화하지 않는 전기 및 그로 인한 전기 현상을 말한다.

  정전기로 고생하는 정도는 사람마다 다르다. 정전기는 건조할 때 잘 생긴다. 습도가 높으면 공기 중의 수분이 전하가 흘러갈 수 있는 도체 역할을 해 정전기가 수시로 방전된다. 따라서 습도가 높으면 정전기도 잘 생기지 않는다. 땀을 많이 흘리는 사람보다는 적게 흘리는 사람에게 정전기가 많이 생기는 것도 같은 까닭에서이다.

  또한 정전기는 전자를 쉽게 주고받을 수 있는 마찰에 의해 잘 생긴다. 마찰할 때 전자를 쉽게 잃을 물체가 있고, 전자를 쉽게 얻는 물체가 있다. 예를 들어 털가죽 종류는 전자를 쉽게 잃고, 플라스틱 종류는 전자를 쉽게 얻는다. 우리 몸은 전자를 잘 잃는 편이므로 전자를 쉽게 얻는 나일론, 아크릴, 폴리에스테르 같은 합성 섬유로 된 옷을 자주 입는 사람은 정전기와 친할 수밖에 없다.

  정전기는 우리 생활을 편리하게 하는 데에도 이용되고 있다. 복사기는 정전기를 이용한 대표적인 제품이다. 복사기는 정전기를 이용해 토너의 잉크 가루를 종이에 붙인다. 식품을 포장할 때 쓰는 랩이 그릇에 잘 달라붙는 것도 정전기 때문이다.

  − 김정훈, 『정전기가 겨울로 간 까닭은?』

문제 엿보기

【문제】〈자료〉는 윗글의 내용을 요약한 것이다. ㉠, ㉡에 들어갈 말을 본문에서 찾아 각각 한 단어로 쓰시오.

〈자료〉

첫 번째 문단	정전기의 정의
두 번째 문단	정전기는 사람마다 차이가 있는데, (㉠)에 따라 달리 발생한다.
세 번째 문단	정전기는 물체가 전자를 얻거나 잃는 (㉡)에 의해 잘 생긴다.
네 번째 문단	정전기가 생활에 도움을 주는 예

✎___ 이 문제는 중심 내용과 관련한 문장이 요약되어 있고, 그 부분에 들어갈 적절한 단어를 찾는 문제로 쉬운 편입니다. 정답은 바로 ㉠ 습도, ㉡ 마찰입니다. ㉠, ㉡에 들어갈 단어는 문제를 잘 읽어보면 쉽게 찾을 수 있습니다. 실제 국가수준 학업성취도 평가 문제에도 비슷한 수준으로 출제가 됩니다. 하지만 여러분의 실력 향상을 위해 핵심 단어와 중심 문장을 찾으며 읽으면 좋을 것 같습니다. 특히 한 단어로 쓰라고 하는 조건을 잘 확인하기 바랍니다.

글의 이해를 돕기 위한
설명에도 종류가 있다

무슨 의미냐면요

우리는 평소에 설명문 같은 글을 많이 읽고 있습니다. 뉴스, 인터넷 사전, 위키백과 등을 통해서 말이죠. 물론 우리가 원해서 찾는 정보든, 누군가에 의해 전달되는 정보든 그러한 정보에 관한 판단은 우리가 합니다. 한편 우리는 어떤 내용이 궁금하면 인터넷을 통해 검색하고, 그것과 관련된 정보를 찾습니다. 그리고 우리가 이해하기 쉽게 정리된 것을 좋은 자료라고 생각합니다.

이렇듯 상대방에게 정보를 전달할 때, 적절한 설명 방법을 통해 내용을 구성한다면 좋은 설명문이라고 할 수 있습니다. 우리가 살펴볼 설명 방법에는 '정의, 예시, 분석, 비교·대조, 분류(구분), 인용, 인과' 등이 있습니다. 함께 이것들을 살펴보면서 설명문에 대한 두려움을 없애보도록 합시다.

좀 더 설명하면 이렇습니다

정의

먼저 정의에 대해 알아봅시다. 정의는 실제로 우리가 사전에서 흔히 볼 수 있는 단어의 뜻풀이를 말합니다. 『표준국어대사전』에 사랑을 검색하면 첫째로 뜨는 설명이 "어떤 사람이나 존재를 몹시 아끼고 귀중히 여기는 마음. 또는 그런 일"이라고 되어 있습니다. 이것이 정의입니다. 보통 설명문에서 설명하려는 것에 대해 잘 모르거나 혹은 알고는 있지만 자세히 몰라서 정확한 뜻을 알려주기 위해 사용합니다. 제가 만약 '가족 간의 사랑을 키우는 방법'이라는 주제로 설명문을 쓴다면 사랑에 대한 정의를 제시할 겁니다. 머릿속으로는 사랑을 대충 알고 있지만, 저런 자세한 내용은 모를 테니까요.

예시

다음으로 예시에 대해 살펴봅시다. 사실 정의보다 더 쉬운 부분이라고 생각하는데요. 제가 현재 이 책을 쓰면서도 여러분에게 좀 더 쉽게 설명하기 위해 예시를 드는 경우가 많은데, 그것이 모두 다 여기에 해당하는 것이죠. 여러분이 알게 된 개념이 문제에 적용되는 것을 보여주는 것도 예시를 통해 여러분의 개념 학습을 도와주는 것이죠. 보통은 '예를 들어, 예컨대' 등의 단어를 사용하는 경우가 많습니다. 예를 들어 김치 섭취의 장점에 대해 설명한다면, 무엇이 어떻게 좋은지 실험의 결과나 성분을 예로 드는 것이 도움이 될 것입니다.

비교·대조

이번에는 비교·대조를 함께 살펴보도록 하겠습니다. 여기서 말하는 비교는 우리가 평소 사용하는 말과는 좀 다릅니다. 예를 들어 부모님께서 옆집 친구와 여러분의 성적을 비교한다고 합시다. 그 친구와 여러분의 성적 차이가 많이 난다고 했을 때, 여러분은 "제발 비교 좀 하지 마세요!"라고 답할 것입니다. 그런데 설명 방법에서 비교는 두 대상의 공통점이 어느 정도인지를 확인하는 것입니다. 차이점을 확인할 때는 대조를 한다고 말합니다. 그러니 여러분은 비교·대조를 구분해서 학습하는 것이 좋겠죠?

인용

『표준국어대사전』에서는 인용을 "남의 말이나 글을 자신의 말이나 글 속에 끌어 씀"이라고 정의합니다. 인용은 설명 대상과 관련된 전문가의 견해, 고사나 격언 등을 끌어와서 글의 뜻을 분명하게 하거나 글에 대한 신뢰도를 높일 수 있습니다. 만약 글쓴이가 설명하려는 대상에 대한 전문가의 설명을 인용한다면, 글쓴이가 말하는 것보다 더 전문적이고 신뢰가 가지 않을까요? 설명 대상과 관련된 고사나 격언 등도 보다 설명 내용을 풍부하게 해줄 것입니다.

분류·구분

이제 살펴볼 것은 분류·구분입니다. 이 둘을 엄밀하게 차이가 있다고 보는 입장도 있지만, 아닌 경우도 있습니다. 기본적으로 어떤 기준에 의해서 대상을 묶을 때 '분류'라고 하고, 어떤 기준에 따라 전체를 몇 부분으로 나누는 것을 '구분'이라고 합니다. 예를 들어 "아리랑은 지역을 기준으로 진도아리랑, 밀양아리랑, 정선아리랑 등으로 나뉜다."라고 했을 때 구분으로 봅니다. 반대로 "진도아리랑, 밀양아리랑, 정선아리랑은 지역에 따라 차이가 있지만 모두 아리랑에 속한다."라고 하면 분류가 됩니다. 이렇게 순서만 바꾸면 달라지기 때문에 엄밀하게 구분하진 않습니다. 그러나 여러분이 어떤 교과서로 배울지 모르니 두 가지를 모두 설명했습니다.

이번에는 언뜻 보면 분류와 좀 비슷한 분석에 대해 알아보겠습니다. 분석은 『표준국어대사전』에 따르면 "얽혀 있거나 복잡한 것을 풀어서 개별적인 요소나 성질로 나눔"이라고 나와 있습니다. 그래서 무언가를 분석했다고 하면 구성 요소 각각에 대해 보다 자세히 설명하는 것을 말합니다. 이것이 분류와는 다른 점입니다.

분류·분석

시계를 용도에 따라 '탁상시계, 손목시계, 벽걸이 시계'로 묶거나 나누면 이것은 분류·구분이 되겠죠. 그런데 이 시계를 '시침, 분침, 톱니바퀴' 등으로 구성 요소에 따라 세부적으로 나눠 설명한다면 이것은 분석이 됩니다. 어떤 성질, 즉 기준에 따라 묶거나 나누는 것이 아니라면 분석으로 볼 여지가 있다는 것이죠. 일단 분류·분석에 대한 차이를 간단히 설명했습니다. 여러분의 교과서에 무엇이 나올지, 학교에서 어떻게 가르칠지를 알 수가 없으니까요. 이제 제일 어렵다고 할 만한 부분이 끝났습니다.

인과

이제 마지막으로 인과에 대해 알아보겠습니다. 인과는 『표준국어대사전』에서 "원인과 결과를 아울러 이르는 말"이라고 나와 있습니다. 글에서는 설명 방법으로 어떤 현상에 대한 원인과 결과 등이 드러납니다. 결과가 먼저 나타나고 원인을 나중에 설명할 때도 있어서, 인과라고 해서 꼭 원인과 결과 순서가 아니라는 점을 기억해뒀으면 좋겠습니다.

한편 인과와 비슷하게 생각할 수 있는 것이 서사와 과정인데요. 이 둘 또한 시간의 흐름에 따른 변화가 일어나는 것이라서 인과와 유사한 점이 많습니다. 보통은 시간의 흐름을 중요시하면 '서사', 어떤 현상이 일어나는 진행 과정을 중요시하면 '과정'이라고 합니다. 이 둘은 인과와 함께 설명되는 경우가 많습니다.

🎓 우리가 알아야 할 것

- 설명 방법은 글의 이해를 돕는 것입니다. '정의, 예시, 분석, 비교·대조, 분류·구분, 인용, 인과' 등이 있습니다. 각각 어떻게 사용되는지 아는 것이 중요합니다.

설명적인 글의 구조

설명적인 글은 보통 큰 단위로 보면 다섯 가지 구조로 되어 있습니다.

첫째, 시간이나 공간 순서대로 제시된 '순서 구조'가 있습니다. 이런 구조는 보통 시간의 흐름이 중요한 글이나, 시선의 이동에 따라 설명하는 것이 중요한 글에서 나타납니다.

둘째, 일련의 사실이나 생각을 순서대로 나열한 '열거(나열) 구조'가 있습니다. 이런 유형에서는 실제 사례 등이 많고, 이것들이 중요하게 생각되는 글에서 주로 나타나지요.

셋째, 둘 이상의 사람이나 사물, 사건 사이의 유사점이나 차이점을 서술한 '비교-대조 구조'가 있습니다. 이 구조는 설명 대상과 다른 대상의 공통점, 차이점을 함께 들어 설명하면 좋을 때 나타납니다.

넷째, 어떤 사건의 원인과 결과를 밝힌 '인과 관계 구조'가 있습니다. 이런 구조는 어떤 현상에 대한 결과를 그 원인과 함께 분석한 글에 자주 나타납니다. 특히 원인과 결과가 순서대로 제시되는 것이 아니라, 결과를 먼저 제시하고 원인을 분석하는 경우도 있어서 내용을 잘 정리하는 것이 좋습니다.

다섯째, 어떤 문제와 해결책을 제시한 '문제-해결 구조'가 있습니다. 이런 글에서는 문제가 되는 현상에 대해 해결책을 체계적으로 제시하는 모습을 확인할 수 있습니다.

설득하기 위한 논증을
판단하며 읽어보자

무슨 의미냐면요

이 영역은 여러 교과서에 빠짐없이 등장하고, 실제 시험에서도 자주 묻는 영역입니다. 『표준국어대사전』에서는 논증을 "옳고 그름을 이유를 들어 밝힘. 또는 그 근거나 이유"라고 정의합니다. 이런 뜻을 가진 논증은 특히 주장하는 글(설득 목적의 글)에서 확인할 수 있습니다. 상대방의 주장과 근거가 설득력 있게 제시되고 있는지를 통해서 말이죠. 상대방의 주장과 이에 따른 근거가 옳고 그른가를 판단하기 위해서, 우리는 먼저 몇 가지 논증 방법에 대한 개념을 학습해야 합니다.

좀 더 설명하면 이렇습니다

먼저 '귀납 논증'을 살펴보겠습니다. 『표준국어대사전』에서 귀납은 "개별적인 특수한 사실이나 원리로부터 일반적이고 보편적인 명제 및 법칙을 유도해 내는 일"이라고 나와 있습니다. 실제 '귀납 논증'이 글에서 나타날 때는 여러 사례를 제시한 후 그것을 포함하는 결론을 제시합니다. 예를 들어 "세종대왕은 죽었다. 이순신 장군도 죽었다. 김구 선생도 죽었다. 그러므로 모든 인간은 죽는다."를 들 수 있습니다. 오랜 시간 동안 기록되거나 관찰된 인물이 모두 죽었기 때문에, 결론적으로 모든 인간은 죽는다는 결론이 나옵니다. 이것이 '귀납 논증'입니다. 실제로 여러분의 교과서에서도 여러 사례를 제시한 후, 이를 통해 결론을 이끌어내는 과정이 옳고 타당한 것인지를 판단하는 활동이 있습니다.

이제 '귀납 논증'과 함께 대표적인 논증인 '연역 논증'에 대해 알아보도록 합시다. 연역은 『표준국어대사전』에서 "일반적인 사실이나 원리를 전제로 해 개별적인 사실이나 보다 특수한 다른 원리를 이끌어 내는 추리를 이른다."라고 나와 있습니다. 일반적으로 '연역 논증'은 3단 논증이라는 구성을 취하고 있는데요. 예를 들어 "모든 인간은 죽는다. 소크라테스는 인간이다. 그러므로 소크라테스는 죽는다."와 같은 방식입니다.

마지막으로 '유추 논증'에 대해 알아보겠습니다. 『표준국어대사전』에서 유추는 "두 개의 사물이 여러 면에서 비슷하다는 것을 근거로 다른 속성도 유사할 것이라고 추론하는 일. 서로 비슷한 점을 비교해 하나의 사물에서 다른 사물로 추리한다."라고 나와 있습니다. 즉 유추 논증은 두 대상의 특성 등을 비교하고 유사한 속성을 찾아내 논증을 하는 것이죠.

 우리가 알아야 할 것

- 귀납 논증은 경험이나 사례를 통해 결론을 도출합니다.
- 연역 논증은 보통 3단 논증으로 일반적인 사실이나 원리를 전제로 결론을 도출합니다.
- 유추 논증은 귀납 논증의 하나로 속성의 유사성을 근거로 결론을 도출합니다.

논증의 오류 유형

① 무지의 오류

어떤 주장이 '거짓'이라고 증명되지 않았다는 것을 근거로 해 '참'이라고 추론하거나, 어떤 주장이 '참'이라고 증명되지 않았다는 것을 근거로 해 '거짓'이라고 추론하는 것을 말합니다. 좀 어렵죠? 간단한 예를 들어보겠습니다.

- 외계인이 없다는 주장이 과학적으로 증명되지 않았으므로 외계인은 존재한다.
- 외계인이 있다는 주장이 과학적으로 증명되지 않았으므로 외계인은 존재하지 않는다.

② 논점 일탈의 오류

말 그대로 실제로 논증을 해야 하는 부분에서 다른 내용의 문제를 이야기하는 것입니다. 주장을 뒷받침하는 근거들이 실제로는 다른 주장을 뒷받침하는 경우에 이런 오류가 발생합니다. 간단한 예를 들어보겠습니다.

학교 급식은 개선되어야 한다. 학교 급식은 학생들이 성장기에 맞는 적절한 영양 상태를 고려해 만들어지고 있는데 급식을 만드는 인원이 부족해 제대로 된 음식의 맛을 낼 수 없기 때문이다.

이 경우 급식이 개선되어야 한다고 하지만 그 근거로 들고 있는 내용이 적합하지 않습니다.

③ 성급한 일반화의 오류

이 오류는 가장 많이 발생하는 오류입니다. 대부분 주장하는 내용에 대한 근거가 충분하지 못한데도 이를 근거로 들어 주장할 때 발생합니다. 간단한 예를 들어보겠습니다.

상황버섯은 여러 질병에 면역력을 키워준다고 생각한다. 왜냐하면 우리 가족이 매일 차로 우려서 마셨더니 1년 동안 질병에 거의 걸리지 않았기 때문이다.

상황버섯이 아무리 몸에 좋다고 해도 우리 가족만의 사례를 전체로 일반화하는 것은 적절하지 않습니다. 이런 주장을 하려면 여러 사람을 대상으로 한 연구 등 자료가 뒷받침되어야 합니다.

④ 순환 논증의 오류

이것은 주장을 뒷받침하는 근거를 원래 주장했던 내용에서 뽑아 다시 근거로 삼는 것입니다. 간단한 예를 들어보겠습니다.

나는 아무 생각이 없다. 왜냐하면 아무 생각이 없기 때문이다.

아무 생각이 없는 상황에 대한 이유가 결국 주장에서 말한 내용을 되풀이하고 있습니다. 만약 이런 식의 논증을 한다면 순환 논증의 오류라고 판단할 수 있습니다.

【문제】㉠에 사용된 논증 방식에 대한 설명으로 가장 적절한 것은?

> ㉠ 신체 건강이 어느 한 부위에서 안 좋아지기 시작하면 다른 곳도 조금씩 아프기 시작한다. 공직 사회도 이와 마찬가지이다. 공직자의 청렴과 관련된 법 또한 조금씩 규제에 예외를 둔다면 어느 순간 청렴한 공직 사회도 많은 곳에 문제가 생길 것이다.

① 일반적 원리로부터 개별적 사실을 입증했다.
② 여러 가지 사례에서 보편적인 원리를 이끌어냈다.
③ 대상이 지닌 속성의 유사성을 판단 근거로 삼았다.
④ 주장의 주요한 내용을 다시 주장의 근거로 삼았다.
⑤ 문제를 제기하고 이에 대한 해결 방안을 제시했다.

✎ 이 문제의 정답은 ③번입니다. ③번이 유추를 말하는 것이고, 지문은 실제 유추가 논증 방법으로 사용된 예시입니다. 신체 건강과 공직 사회에 대해 속성의 유사성을 판단 근거로 삼았습니다. 일단 나머지 선택지의 논증 방식이 무엇인지 확인해봅시다. ①번은 '연역 논증', ②번은 '귀납 논증'에 대한 설명입니다. ④번은 논증이라기보다 '논증의 오류'에 가까운데요. 주장의 일부를 다시 근거로 사용하면 주장과 근거의 내용이 비슷해집니다. 여기에서 오류가 발생되는데, 이를 '순환 논증의 오류'라고 합니다. ⑤번은 논증이라기보다는 내용 전개 방식의 '문제-해결 구조'를 말하고 있습니다.

이 영역을 같이 정리하는 이야기

이번 영역을 학습하며 읽기에 대한 여러분의 생각이 많이 바뀌었을 것이라고 생각합니다. 기존에 그저 빠르게 읽기만 하면 된다고 생각했다면, 그 생각에서 많이 벗어났겠죠. 이제는 책을 주면 다양한 방법과 지식을 활용해 읽을 수 있을 것입니다. 이제 차근차근 이번 영역에서 배웠던 것을 점검하도록 합시다.

먼저 일반적으로 독서를 할 때 좋은 독서 방법으로는 SQ3R이 있습니다. 모두 5단계로 '훑어보기 - 질문하기 - 읽기 - 되새기기 - 복습하기' 순입니다. 그리고 고등학교 수준에서 언급한 것으로 다섯 가지 읽기 방법이 있습니다. 먼저 표면적 의미 파악을 중점으로 두는 '사실적 읽기', 표면에 드러나지 않은 것을 파악해보는 '추론적 읽기', 글에 드러난 관점이나 필자의 의도 등을 읽는 사람이 기준을 정해 판단하며 읽는 '비판적 읽기'가 있습니다. 여기까지는 글의 이해에 중점을 두고 읽는 방법이라고 볼 수 있습니다.

그리고 정서적인 글을 읽을 때 활용하는 '감상적 읽기', 어떤 문제에 대해 해결 방안을 생각해보는 '창의적 읽기'가 있습니다. 여기까지 잘 기억이 나나요? 기억이 잘 나지 않는다면 다시 한번 앞으로 가서 읽어봅시다. 또한 우리는 배경지식인 스키마가 '내용 스키마'와 '형식 스키마'로 나뉘고, 이를 통해 효율적인 읽기를 할 수 있다고 배웠습니다. 다음으로 글을 읽는 과정에서 '읽기 전, 읽는 중, 읽은 후' 활동이 있다고 배웠습니다. 읽기 전에 활용하면 좋은 '예측하며 읽기', 읽기 후에 활용하면 좋은 '요약하며 읽기'에 대해서도 자세하게 글에서 다뤘습니다. 그리고 읽는 중에 파악하며 읽으면 좋은 '정의, 예시, 비교, 대조, 인과' 등을 확인했으며, 글 구조와 관련한 참고 내용 또한 배웠습니다.

마지막으로 대표적인 논증 방법인 '귀납, 연역, 유추'에 대해 배웠으며 고등학교에서 배우는 논증의 오류에 대해서도 같이 확인했습니다. 물론 여기까지의 내용이 완벽하게 기억나지 않을 수도 있습니다. 그래도 머릿속에 어느 정도 개념만 떠오른다면 학습이 우수하게 되었다고 생각합니다. 혹시 기억나지 않는 부분은 다시 돌아가서 복습하기 바랍니다.

읽기의 가치와 중요성을 언급한 읽기 단원

교과서에서 읽기 단원은 교육과정에서 다음과 같이 성취기준을 정하고 있습니다. "읽기의 가치와 중요성을 깨닫고 읽기를 생활화하는 태도를 지닌다." 사실 이 단원은 어떤 개념을 배우는 단원이 아니라 여러분의 독서 생활을 점검하고, 독서 활동에 대한 필요성을 느끼게 하는 단원입니다. 그래서 독서에 대한 유명한 사람들의 글이나 독서 생활에 대해 말하는 지문을 소개합니다. 이를 통해 여러분이 독서 생활을 되돌아보고, 독서 생활에 대해 긍정적인 태도를 가질 수 있도록 하고 있습니다. 특정 개념을 가르치는 단원이 아니기 때문에, 이렇게 간단히 소개만 하고 넘어가겠습니다.

03

쓰기 수행평가

만점 비법이

있다고?

중학교 교육과정 이야기

2015년 개정 교육과정에서 쓰기 영역의 성취기준은 다음과 같습니다.

> 쓰기의 과정을 이해하고 주제, 목적, 독자, 매체 등에 따라 효과적인 표현 방법
> 을 사용해 다양한 유형의 글을 쓰는 능력을 갖추는 데 중점을 둔다.

이에 따라 교과서에서는 일정한 계획과 방향을 설정해 여러 쓰기 경험을 할 수 있도록 내용이 구성되어 있습니다. 물론 우리가 이 책에서 실제 쓰기까지 진행하기는 힘듭니다. 그러나 최대한 이론적인 지식과 함께 간접적으로 쓰기를 체험해볼 수 있도록 할 것입니다.

또한 교과서에는 '쓰기 윤리'에 대해서도 나오고 있습니다. 여기서는 요즘 중요시되는 저작권 등의 문제를 다루게 될 것입니다. 이렇게 이야기하면 교육과정에서 요구하는 것이 굉장히 어렵고 접근하기 힘들 것 같지만, 저와 함께라면 여러분의 쓰기 생활이 보다 나아질 것이라고 확신합니다. 이번 영역도 잘 따라와주세요.

공부 방향에 대한 이야기

교과서에는 이론적 지식과 함께 실제 학생들이 쓰기를 하는 학습 활동도 포함하고 있습니다. 그러니 우리는 글을 쓰는 이론적인 지식과 함께 실제로 글을 쓰는 방법을 모두 알면 좋겠죠? 저 또한 학교에서 여러 수행평가를 해봤지만 무조건 1년에 한 번 이상은 쓰기와 관련된 수행평가를

하고 있습니다. 여러분이 고등학교에 가면 국어1, 작문 과목에서 쓰기를 배울 것입니다. 이때도 실제 쓰기를 하게 되겠죠.

쓰기 영역에서 가장 중요한 것은 실패를 하더라도 많이 써보는 것입니다. 여러분이 평소에 읽는 책에 대한 독서 기록을 하는 것이 가장 접하기 쉬운 쓰기일 것입니다. 제가 독서기록장을 검토하는 업무도 했었는데, 학생들의 가장 큰 문제점은 문단 들여쓰기를 하지 않는다는 것과 똑같은 형식과 분량으로만 글을 쓴다는 것이었습니다. 아주 기초적인 것이 문제인 친구도 있었고, 너무 형식적·기계적으로 작성해서 문제인 친구들도 있었습니다. 여기에서는 이런 저의 다년간의 평가 경험을 바탕으로, 여러분의 글이 좀 더 나아질 수 있도록 많은 이야기를 담았습니다. 늘 그렇듯 여러분의 의문이 풀리도록 쉽게 설명해보겠습니다.

기초적이고 실용적인
쓰기 지식부터

무슨 의미냐면요

이 부분에선 제가 학교에서 학생들에게 여러 수행평가를 내주면서 느낀 점을 위주로 알려줄 것입니다. 그리고 여러분이 쓰기를 할 때 고려해야 할 쓰기 윤리에 대해서도 배워볼 겁니다. 이건 2015년 개정 교육과정에서 중시하는 덕목 중 하나이고, 여러 교과서 쓰기 단원에서 꼭 다루는 내용입니다.

좀 더 설명하면 이렇습니다

첫째, '문단 나누기'에 대한 부분입니다. 많은 학생이 글을 쓸 때 문단 구분을 하지 않고 쓰는 경우가 많습니다. 그러나 글을 쓸 때 내용이 바뀌는 부분이거나 내용이 너무 길면 문단 시작 부분에 한 칸을 띄어야 합니다. 이건 학교 수행평가에서도 채점 기준이고, 대학교 논술 시험에서도 채점 기준으로 나와 있습니다. 문단 시작에 한 칸을 띄는 게 뭐가 중요하냐고 생각할 수도 있습니다. 그러나 문단 구분을 적절하게 했다는 건 적어도 본인이 쓰고 있는 글에서 중요한 부분을 알고 있다는 말입니다. 그리고 단락 구분도 할 수 있다는 것이죠.

둘째, 계획 없이 바로 글을 쓰거나 글을 쓴 후 고쳐 쓰기나 점검을 하지 않는 부분입니다. 이 내용은 우리가 바로 다음에 다루게 될 작문의 일반적인 과정을 배우면 그래도 나아질 겁니다. 저는 학교에서 계획 없이 글을 바로 써서 글의 내용이 뒤죽박죽인 학생도 봤습니다. 그리고 수행평가 시간이 얼마 안 남았는데 내용을 다 채우지 못한 경우도 있었습니다. 또한 검토도 하지 않고 평가지를 제출했다가, 나중에 확인해보니 실수가 많았던 학생도 있었죠. 이런 불상사가 생기지 않으려면, 앞으로 소개할 여러 과정을 거쳐서 쓰는 것이 좋을 것입니다.

마지막으로 제일 중요한 내용인 쓰기 윤리에 대해 알아보도록 합시다. 2015년 개정 교육과정에서는 쓰기 윤리를 "필자가 글을 쓰는 과정에서 준수해야 할 윤리적 규범"이라고 정의합니다. 이것은 말 그대로 글을 쓰는 사람이 당연히 지켜야 할 규칙이라는 것이죠. 교과서에서는 보고서 쓰기 단원에서 이 내용을 다루고 있습니다. 보고서를 쓰려면 여러 자료를 참고해야 하기 때문입니다. 그러나 어느 유형의 글을 쓰든 쓰기 윤리를 지키는 것은 중요합니다. 먼저 여러분이 지켜야 할 것은 다른 사람의 아이디어, 자료, 글을 쓰기 윤리에 따라 올바르게 인용하는 것입니다. 여러분이 글을 쓸 때 다른 사람의 아이디어를 가져온다거나, 자료를 본인이 만든 것처럼 쓰는 등의 일은 표절이 될 수 있습니다. 만약 원작자에게 허락을 받았다면, 출처를 꼭 밝혀야 합니다. 다음으로 조사 결과나 연구 결과를 과장, 축소, 변형, 왜곡하지 않고 제시해야 합니다. 여러분이 글을 쓸 때, 자신의 주장을 뒷받침하기 위해 실제 조사 결과를 왜곡하고 싶은 마음이 들 수도 있습니다. 그러나 이건 옳지 못한 행동이죠.

일반적으로 교육과정에서 제시하는 내용은 여기까지입니다. 간혹 교과서마다 한두 가지 정도를 추가해서 설명하는 경우도 있습니다. 예를 들어 인터넷에서 글을 쓸 때 '악플(악의가 있는 답글)'을 달지 않아야 한다든가, 거짓을 유포하지 말아야 한다는 등의 내용입니다. 이 정도는 여러분이 쉽게 학습할 수 있을 것입니다.

우리가 알아야 할 것

- 주요 내용을 중심으로 '문단 나누기'는 꼭 해야 합니다.
- 글쓰기는 아무 준비 없이 바로 쓰는 것이 아니라 준비 과정이 필요합니다.
- 표절이나 연구 결과 등의 왜곡을 하지 않는 '쓰기 윤리' 또한 글쓰기에서 중요합니다.

【문제】〈자료〉는 인터넷 블로그에 학생이 올린 글과 그에 대한 댓글이다. '쓰기 윤리'의 관점에서 ⓐ~ⓔ를 평가한 내용으로 적절하지 <u>않은</u> 것은?

〈자료〉

어제 ⓐ<u>유튜브에서 본 내용</u>으로는 아령을 열심히 들면 누구나 마동석 배우처럼 될 수 있다고 한다. 물론 나도 그렇게 생각한다. ⓑ<u>집에 있던 책에서도 아령만 있으면 몸짱이 될 수 있다고 했기 때문이다.</u> 그래서 나도 오늘부터 책에서 소개한 아령을 사서 근육을 키우기 위해 노력할 것이다.

가: 아 저도 그 유튜브 봤어요. ⓒ<u>그 사람이 말하는 것은 무조건 진리죠!</u>

나: 아이고, 유튜브 그거 믿을 거 못 되는데, ⓓ<u>그걸 믿고 있네;; 한심해 죽겠구만</u>

다: 아, 그 영상 ○○ 유튜브에 공개된 건데, ⓔ<u>출처를 정확히 알려 주셔야 할 듯…</u>

---

① ⓐ: 자신의 생각과 비슷한 과장된 내용을 전달하고 있다.

② ⓑ: 근거 자료의 정확한 출처를 밝히지 않고 있다.

③ ⓒ: 믿을 만한 근거를 밝히지 않고 맹목적으로 동의하고 있다.

④ ⓓ: 상대를 존중하며 잘못된 점을 지적하고 있다.

⑤ ⓔ: 출처에 관한 쓰기 윤리를 지켜야 함을 지적하고 있다.

문제 엿보기

✎__ 위 문제는 '쓰기 윤리'에 대한 내용이 잘 드러난 문제입니다. 먼저 답은 ④번입니다. 보기와 달리 상대방을 존중하지 않고 지적하고 있습니다. 이건 '쓰기 윤리'에 따른 것입니다. ①번 내용은 과장된 내용을 전달하고 있는데, 이 부분 또한 '쓰기 윤리'를 고려하면 정보 전달에서 사실을 정확하게 전달하는 것이 중요합니다. ②번은 근거 자료가 있다면 당연히 어떤 책인지 정확하게 기록하는 것이 필요하겠습니다. ③번은 인터넷 등에 올라온 정보 등을 맹목적으로 옳다고 하는 것은 거짓을 유포하는 것과 비슷해 옳다고 보기 힘듭니다. ⑤번은 출처를 꼭 남겨야 한다는 것을 알려주고 있습니다. 이것 모두 '쓰기 윤리'와 관련된 것입니다.

무작정 글을 빨리 쓴다고
글쓰기를 잘하는 것이 아니다

무슨 의미냐면요

학생들에게 글을 쓰게 하면, 고민을 하고 쓰는 학생과 그렇지 않은 학생으로 나뉩니다. 둘 중 어느 학생이 글을 더 잘 쓸까요? 보통 고민을 하고 쓰는 학생이 더 잘 쓰겠죠. 그래서 저는 늘 학생들에게 쓰기의 일반적인 과정을 고려해 글을 쓰라고 말합니다. 이번에 배울 내용은 글쓰기 과정에 관한 것입니다. 이 내용은 교과서에도 나오는 내용입니다.

좀 더 설명하면 이렇습니다

일반적으로 여러분이 쓰기를 할 때 적용할 수 있는 과정은 다음과 같습니다.

계획하기

↓

내용 생성하기 및 선정하기
(교과서에 따라 둘 중 하나만으로 표현하기도 합니다)

↓

내용 조직하기

↓

표현하기(초고 쓰기)

↓

고쳐쓰기

단, 이런 순서가 꼭 고정되어 있는 건 아닙니다. 학생들에게 이런 순서의 학습지를 제시하면 정말 이 순서대로만 하는 것을 많이 봤습니다. 그런데 여러분은 이 책을 읽고 그렇게 하지 않았으면 좋겠습니다. 예를 들어 여러분이 내용 조직하기 단계에 있다고 합시다. 그런데 무언가 추가하고 싶은 내용이 있으면 다시 내용 생성하기 및 선정하기 단계로 돌아가서 계획하기를 고려해 내용을 더 많이 채울 수 있습니다. 그리고 다시 조직하기에서 이렇게 채워 넣은 내용을 적절하게 배열할 수 있습니다.

다음으로 우리가 주의해야 할 점은 고쳐쓰기입니다. 많은 학생이 글을 다 쓰고 고쳐쓰기 과정을 거치지 않습니다. 어쩌면 수행평가나 논술평가를 할 때 시간이 한정되어 있어서 그럴 수도 있습니다. 그러나 되도록 불

필요한 부분을 삭제하거나, 간단한 부분을 추가하는 등의 활동은 하는 것이 좋습니다. 여러분이 어떤 유형의 글을 쓰게 된다고 해도 지금까지 설명한 방법은 꼭 활용하는 것이 좋습니다. 이렇게 한다면 더 나은 글을 쓸 수 있을 것이라 확신합니다.

우리가 알아야 할 것

- 글쓰기는 무작정 하는 것이 아니라, 쓰기 전에 여러 과정을 거치는 게 좋습니다.
- 일반적인 쓰기 과정은 '계획하기-내용 생성하기-내용 조직하기-표현하기(초고 쓰기)-고쳐쓰기' 순입니다.
- 하지만 위 순서에서 '표현하기' 전에도 이전 단계를 수정하고 보완하는 것이 좋습니다.

【문제】〈자료〉를 바탕으로 글을 쓰기 위해 구상한 내용으로 가장 적절한 것은?

〈자료〉

목적	자신의 잘못을 통해 깨달은 내용 공유하기
예상 독자	우리 반 친구들
주제	친구에게 상처를 주는 말을 함부로 하지 말자
글의 종류	수필
경험한 내용	· 모둠 발표 계획하기를 위해 토의를 함 · 토의를 하는 중에 아이디어를 제대로 내지 못하는 철수에게 상처가 되는 말을 함 · 발표 당일 나의 긴장으로 인해 발표를 망침 · 철수가 수업 후 울고 있는 나를 위로해 줌

① 목적을 고려해 철수에게 위로를 받고 깨달은 내용을 추가해야 한다.
② 목적을 고려해 내가 토의 중에 철수에게 상처를 주는 말을 한 것을 빼야 한다.
③ 예상 독자를 고려해 우리 모둠이 발표를 잘했다는 것을 강조해야 한다.
④ 주제를 고려해 발표를 성공적으로 하기 위한 준비 과정을 보충해야 한다.
⑤ 글의 종류를 고려해 나 이외에도 다른 친구들이 비난한 내용을 지어내야 한다.

어떤 종류의 글이든 계획하기 단계가 중요합니다. 수필은 개인의 경험과 깨달음을 적는 글입니다. 그러나 글의 목적, 예상 독자, 주제를 명확하게 설정하는 것도 중요합니다. 그리고 위와 같이 경험한 내용도 어느 정도 쓰는 게 좋겠죠. 제시된 정보로 봤을 때, 위 〈자료〉에서는 내용 생성하기 단계가 진행된 것 같습니다. 이제 선택지를 확인해봅시다. ①번을 보면 철수에게 위로를 받고 깨달은 내용을 추가해야 한다고 나옵니다. 이게 정답입니다. 경험한 내용에 이 내용이 빠졌기 때문입니다. 분명 목적에는 '깨달은 내용 공유하기'가 있었죠. 그렇다면 철수에게 위로를 받고 깨달은 내용을 추가하는 게 맞을 것입니다. 나머지 선택지는 모두 틀린 내용입니다.

설명하는 글쓰기를 위한
쓰기 지식

무슨 의미냐면요

이번에는 설명하는 글쓰기에 대해 알아보겠습니다. 기본적으로 설명하는 글을 쓴다고 해도 작문의 일반적 과정에서 크게 벗어나진 않습니다. 그래서 우리는 여기에서 설명문을 쓸 때 알아두면 좋은 전략과, 본인이 글을 쓰고 나서 점검하면 좋은 사항 등을 자세하게 배울 것입니다.

좀 더 설명하면 이렇습니다

먼저 설명하는 글쓰기는 설명문을 말합니다. 여기서 설명을 한다는 것은 무언가에 대한 정보 전달이 최종 목적입니다. 그래서 정보 전달에 적합한 주제를 선정하는 것도 중요한 것이죠. 내가 주관적인 입장에서 독자에게 어떤 생각을 이해시키려고 한다면, 그것은 정보 전달이 아니라 설득이 목적인 글입니다. 이렇게 주제와 목적을 고려하면서 계획하기 단계를 고민해보는 것이 좋습니다.

계획하기

계획하기 단계는 주제, 목적, 예상 독자를 설정하는 단계입니다. 글쓰기에서 여러분은 예상 독자를 고려해서 주제를 먼저 선정하는 것이 좋습니다. 왜냐하면 설명문의 목적은 정보 전달인데 어떤 정보를 전달할 것인지는 주제에 따라 달라지기 때문이죠.

그렇다면 주제는 어떤 것으로 정하면 좋을까요? 학교에서 여러 학생을 지켜보면 여기에서 많은 고민을 합니다. 그러나 정작 주제를 보면 막연한 경우가 많습니다. 예를 들어 축구, 농구, 야구 등 명사로 된 간단한 것이었죠. K-리그처럼 사람들이 더 궁금해할 만한 주제를 선택하는 경우는 별로 없었습니다.

그래서 저는 주제가 잘 떠오르지 않을 때는 본인이 현재 가장 재미를 느끼고 있는 것이나, 취미로 삼고 있는 것을 생각하라고 말합니다. 그리고 거기서 생각한 여러 소재 중에 친구들이 흥미를 둘 만한 것이나, 궁금해할 만한 것으로 줄이도록 안내합니다. 거기에서 선정한 단어를 갖고 좀 더 구체적인 것을 생각해보면 보다 좋은 글쓰기 주제가 나올 것입니다. 여러분도 일상적인 글쓰기와 수행평가 등에서 막히는 부분이 있다면 제가 안내한 방법을 활용해보세요.

내용 생성하기(선정하기)

이제 내용 생성하기(선정하기) 단계입니다. 이 단계에서는 계획하기 단계에서 정한 것들을 고려해 다양한 자료와 본인의 경험을 바탕으로 주제와 관련된 내용을 모으는 것이 중요합니다. 물론 내용을 만들다가 계획하기 단계의 주제와 목적을 바꾸는 것도 가능합니다. 보통 이 단계에서 계획하기의 주제를 구체적으로 만들게 되죠. 그리고 본인이 주제에 맞게 생성한 자료가 주제와 맞지 않아 주제를 통째로 바꾸는 학생들도 있습니다. 이는 고쳐쓰기가 바로바로 일어나기 때문입니다. 문제가 있거나 이상한 일이 아니니 자연스럽게 글쓰기 준비를 이어나가면 됩니다. 그리고 글쓰기에 사용할 자료는 쓰기 윤리를 고려해 수집 및 선정에 꼼꼼히 신경써야 할 것입니다.

내용 조직하기

다음은 내용 조직하기 단계입니다. 여기에서는 글의 구성에 맞게 '도입 - 전개 - 정리'에 들어갈 내용을 정리합니다. 특히 내용 생성하기(선정하기) 단계에서 수집하고 정리한 많은 자료를 적절한 위치에 배치하는 것을 목적으로 합니다. 대표적으로는 '개요 작성'을 활용합니다. 물론 이 단계에서도 내용이 부족한 것 같으면 자료를 더 수집해도 됩니다. 내용을 보충하기 위해 이전 단계의 활동을 하는 것은 자연스러운 일이고 좋은 글쓰기 태도입니다. 여기에서는 보통 도입(처음)의 내용이나 정리(끝)에 들어갈 내용을 고민하는 학생들이 많습니다. 일단 설명문의 모든 단계에서 활용하면 좋은 방법을 이야기해봅시다.

먼저 도입(처음)은 말 그대로 시작하는 부분이기에 주제와 관련된 뉴스나 신문 기사 혹은 명언, 속담 등을 활용하는 것이 좋습니다. 처음부터 설명할 주제에 대해 어렵거나 무거운 분위기로 글을 시작하면 독자가 흥미를 잃겠죠. 특히 예상 독자의 수준을 고려해 어휘 수준을 조절하고 첫 부분에서 단어 해석의 어려움을 느끼지 않도록 하는 것이 좋습니다.

전개(중간) 부분에서는 설명하려는 대상이나 주제를 구체적으로 안내하는 것이 좋습니다. 구체적으로는 '정의, 비교·대조, 예시' 등을 활용하는 것이 좋습니다. 그리고 이런 설명 방법을 활용한 내용의 순서가 체계적이어야 합니다. 그래야 독자가 읽고 이해하기 쉽겠죠. 물론 설명 대상과 관계없는 내용이 들어가지 않도록 조직해야 합니다.

정리(끝)에서는 중간 부분에서 설명한 내용을 간략하게 정리하는 내용이 있으면 좋습니다. 이를 통해 독자는 읽은 내용을 다시 확인할 수 있을 것입니다. 그리고 내용 요약과 간략하게 글쓴이가 당부하고 싶은 말 등을 넣어서 마무리 지어도 좋습니다. 우리가 설명문을 쓴다고 해서 개인의 생각을 하나도 쓰지 말아야 한다는 법은 없으니까요.

표현하기 (초고 쓰기)

이제 표현하기(초고 쓰기) 단계입니다. 일반적으로 글을 쓰기 시작하면 완성된 글을 쓰는 것이 아니기에 빨리 쓰는 것이 좋습니다. 쓰는 것이 부담된다면 입으로 말하며 대략적인 내용을 설명하는 구두 작문도 좋은 방법입니다. 그런데 만약 수행평가에서 제한된 시간 안에 글을 써야 한다면, 최대한 조직하기 단계도 신경 써야겠죠. 물론 구두 작문 또한 직접 입으로 말하는 게 아니라 머릿속에서 진행되어야 합니다. 하지만 제한된 시간이라 하더라도 여러분이 처음 생각하고 정리한 내용을 쓸 때는 이후에 고쳐 쓸 것을 생각하고 진행하는 것이 좋습니다. 한 번에 완성된 글을 쓰는 것은 어려우니까요.

고쳐쓰기

드디어 마지막 단계인 고쳐쓰기 단계입니다. 마지막이라고 했지만, 필요한 경우 앞 단계로 돌아가도 됩니다. 이전의 단계로 돌아가 고쳐쓰는 건 자연스러운 것이죠. 실제 여러분이 글을 쓰다 보면 초고 쓰기 단계에서도 그 이전에 세운 내용 조직을 수정할 수 있습니다. 이렇듯 고쳐쓰기는 언제나 일어날 수 있다는 점을 기억합시다.

많은 교과서는 고쳐쓰기를 몇 가지 단위로 나눠서 설명하고 있습니다. 먼저 '글 전체 수준에서 고쳐쓰기'를 봅시다. 이는 글을 전체적으로 훑어보면서 주제에서 벗어난 내용은 없는지, 글의 제목은 적절한지, 문단 나누기가 적절한지를 점검하는 것입니다. 다음은 '문단 수준에서 고쳐쓰기'를 봅시다. 여기서는 일단 문단 안에서 중심 내용과 뒷받침 내용이 긴밀하게 관련되어 있는지, 문장 간 연결은 자연스러운지 점검합니다. 이제 '문장 수준에서의 고쳐쓰기'를 봅시다. 주어와 서술어의 관계가 적절한지, 문장 성분들이 어색함 없이 잘 사용되었는지 점검합니다. 마지막으로 가장 작은 단위인 '단어 수준에서 고쳐쓰기'를 봅시다. 이때는 단어나 용어, 맞춤법 등이 적절하게 사용되었는지 점검하면 됩니다.

한편 이런 모든 활동은 문단이나 문장 등을 이동하거나, 필요 없는 문장이나 단어를 삭제하거나, 보충이 필요한 내용을 추가하거나, 같은 자리의 문장이나 단어를 대체하는 등의 모습으로 나타납니다.

정리하면 고쳐쓰기는 '추가, 삭제, 이동, 대체' 등을 활용해 글 전체 수준부터 단어 수준까지 점검하는 활동입니다. 그리고 설명문에는 적절한 설명 방법이 사용되어야 하며, 내용과 관련된 적절한 자료가 사용되어야 합니다. 고쳐쓰기는 글쓰기에서 자연스럽게 일어나는 하나의 과정일 뿐입니다. 따라서 여러분이 글을 쓸 때 고쳐쓰기를 두려워하지 않았으면 좋겠습니다. 다음으로 넘어가기 전에 실제 학교에서 했던 수행평가의 평가지를 살펴보겠습니다.

1. 계획하기

주제	위험한 호수 (죽음의 호수)
목적	설명하기
예상 독자	이 주제를 전혀 모르는 사람

2. 내용 선정하기

※ 설명하는 글의 주제를 정한 뒤 자신의 경험과 생각을 떠올리고 관련된 내용을 조사하여 쓸 내용 선정

※ 인터넷, 책, 신문, 텔레비전 등 다양한 매체를 활용하여 주제와 관련된 자료를 찾되 자신이 설명하고자 하는 대상의 특성을 드
러내는 데 활용할 수 있는 것들만 선택하기

※ 공간이 부족하면 포스트잇 사용 가능　　　　　※ 자료의 출처를 밝혀 쓸 것.

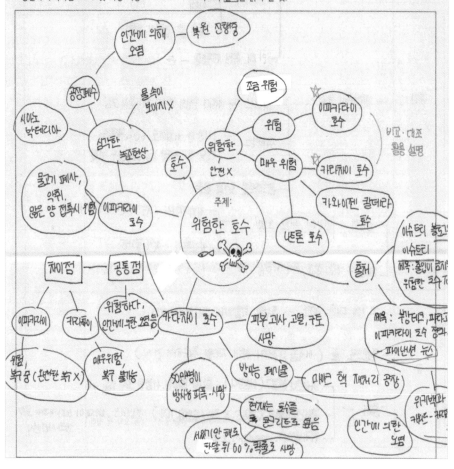

▲ 설명문 쓰기 활동

3. 내용 조직하기

구성 단계	내용	설명 방법

처음	← 질문으로 시작 → 위험한 호수도 있다는 사실을 알고 계십니까…?
	
	― 위험한 호수도 있다는 걸 설명 ┌ 인간이 만든 호수
	                                    └ 자연이 만든 호수 ― 예시) 나트론 호수
	
	― 그 중, 이파카라이 호수와 카라차이 호수에 대한 서두
	       • (예) 읽는 사람의 흥미 끌기, 무엇을 설명할 것인지 밝히기
		예시

중간	― 이파카라이 호수 설명 ┬ 러커 공장의 폐수에 의한 심각한 녹조현상
	                         │ (물 속 보여X)
	                         ├ 위험정도 ┬ 물고기 폐사
	                         │ ├ 악취
	                         │ └ 많은 양 접촉시 위험
	                         └ 현재 복원 진행중
	
	― 카라차이 호수 : ┬ 마야크 핵 재처리 공장의 방사능 폐기물이 고임
	                      ├ 위험정도 ─ 1시간만 서있어도 60% 확률로
	                      │ 한달 뒤 사망 → 매우매우 위험
	                      └ 콘크리트로 호수를 묻음
	                              ┌ 이파카라이 ― 복구 가능 (완전한 복구X)
	― 공통점 ─ 인간에 의한 오염 ─┤
	                              └ 카라차이 ― 복구 불가능
	― 차이점 ― 위험 정도, 복구(가능성)하려는 정보에 대한 구체적 설명과 적절한 설명 방법
		비교, 대조

끝	― 인간에 대한 비판 ― 호수를 위험하게 만든건 인간이다~
	
	― 질문으로 끝 (비익을 추구하기 위해 자연을 훼손하는 건~)
	                ┌ 이슈트리 블로그 (이슈트리) : 죽음이 금지된 위험한 호수 Top 4
	― 출처 ─ or
	           ├ 패션 뉴스 (2015. 3. 20 / 최명길 기자)
	           └ 위키백과 : 카라차이 호수
		(예) 설명한 내용 요약 및 정리 : 인간때문에 위험해진 이파카라이 호수, 카라차이 호수
		정보 사실성시

▲ 설명문 쓰기 활동

4. 표현하기(서로 다른 설명 방법 두 가지 이상 사용, 밑줄 굿고 무슨 설명 방법인지 적을 것) 208 24 정수린

제목 : 죽음의 호수, 죽어가는 자연

세계 여러 지역에 분포해 있는 많은 호수들, 이 중에는 안전하고 아름다운 호수들도 있지만 오히려 생명체에게 독이 되는 위험한 호수도 있다. 그런 위험한 호수들은 자연이 만든 호수와 인간이 만든 호수로 나누어진다. 자연이 만든 호수로는 나트론 호수, 카와이젠 칼데라 호수 등이 있고 인간이 만든 호수로는 아파카라이 호수, 카라치이 호수 등이 있다. 나는 오늘, 아파카라이 호수와 카라치이 호수에 대해서 이야기 하려고 한다.

아파카라이 호수는 본래 깨끗한 호수였지만 근처 공장의 폐수에 의해 심각한 녹조 현상이 발생한 호수이다. 많은 양의 물고기가 폐사했으며 오래 접촉할시에 신체에 위험하다. 카라치이 호수는 아름다운 경관을 자랑하던 호수였지만 근처에 있는 마야크 핵 재처리 공장의 방사능 폐기물이 고이게 되 매우 위험해졌다. 1시간만 호수에 있어도 60% 확률로 한달 뒤 사망한다. 이런 두 죽음의 호수들의 공통점은 모두 인간이 오염시켜 위험해진 호수라는 점이다. 공장의 무분별한 폐수 방류로 인해 본래는 아름답던 두 호수가 심각하게 오염되어 생명체가 들어갈 수도 없는 상태가 되었다. 하지만 차이점 또한 존재한다. 아파카라이 호수는 현재 복원 사업이 진행되고 있으며 처음의 물 속이 보이지 않을 정도의 녹조는 많이 사라졌다. 물론 완벽한 복원은 불가능 하지만 점차 회복되고 있는 중이다. 반면 카라치이 호수는 복원이 완전히 불가능하다. 현재는 방사능의 위험을 줄이기 위해 호수를 콘크리트로 덮어버린 상황이다. 그럼에도 불구하고 신체에 큰 해가 되는 정도의 방사능이 계속 나오고 있어 큰 문제가 되고 있다.

지금까지 설명한 두 호수에 인간이 개입하지 않았다면 지금같은 상태가 되었을까? 절대 그렇지 않다. 결국 생명체와 인간에게 독이 되는 죽음의 호수는 인간이 직접 만든 것이다. 이익을 챙기기 위해 자연을 쉽게 훼손하는 건 이 두 호수처럼 다시는 되돌릴 수 없는 위험을 지금 손으로 만든 것와 다름이 없다. 현재 지구의 상태 또한 그렇다. 우리는 우리 손으로 인류멸망을 향해 한발짝식 다가가고 있다는 사실을 인지하자. 다시는 복구할 수 없는 카라치이 호수처럼, 되돌릴 수 없는 자연과 우리 지구. 잠깐의 귀찮음에, 길거리에 쓰레기를

▲ 설명문 쓰기 활동

버리고 있지는 않은가? 이익을 위해 무분별하게 공장을 가동하고 있지는 않은가? 우리는 우리 스스로를 되돌아볼 필요가 있다.

▲ 설명문 쓰기 활동

이 학생은 여러 단계를 거치며 쓰기 활동을 매우 우수하게 수행했습니다. 글쓰기의 전반적인 과정을 잘 이해한 것으로 보입니다. 내용의 출처도 썼고, '조직하기'도 개요를 체계적으로 작성했습니다. 글 또한 적절한 설명 방법을 활용해 썼습니다. 약간 아쉬운 점은 인터넷에서 위키백과를 참고했기에 정보의 신뢰성 문제를 지적할 수 있을 듯합니다.

여러분도 이 학생처럼 글쓰기를 여러 과정을 거쳐 쓴다면 글의 완성도가 높아질 것입니다.

🎓 우리가 알아야 할 것

- 계획하기 단계에서는 주제, 목적, 예상 독자를 설정해야 합니다.
- 내용 생성하기 단계에서는 본인의 경험을 바탕으로 계획하기 단계를 고려해 아이디어를 내고 자료를 수집해야 합니다.
- 내용 조직하기 단계에서는 글의 구성에 맞게 3단 구조 등을 활용해 적절한 내용을 배치해야 합니다.
- 표현하기(초고 쓰기) 단계에서는 나중에 고쳐 쓸 것으로 생각하고 내용 조직하기를 바탕으로 쓰는 것이 좋습니다.
- 고쳐쓰기 단계에서는 '글 전체, 문단, 문장, 단어' 수준에서 글을 살펴보고 고쳐야 합니다.

한 편의 글은
하나의 주제로

무슨 의미냐면요

교과서에서는 일반적인 글이 갖춰야 할 통일성에 대해 다루고 있습니다. 특히 이전에 학습한 글쓰기 단계를 바탕으로, 글을 통일성 있게 쓰는 활동을 제시하고 있습니다. 여기에서는 글쓰기를 할 때 통일성이라는 기준을 어떻게 적용할 것인가에 대해서만 언급하고 넘어가겠습니다.

좀 더 설명하면 이렇습니다

『표준국어대사전』에서는 통일성을 "다양한 요소가 있으면서도 전체가 하나로서 파악되는 성질"이라고 정의합니다. 우리가 쓰는 글에는 하나의 주제가 있습니다. 그 주제를 중심으로 문장과 문단이 밀접하게 연결되어 있어야 하는 것이죠. 이렇게 통일성을 갖춰 글을 쓰면 더 좋은 결과물이 나오겠죠.

　글의 유형별로 예를 들어보겠습니다. 설명문은 설명하려는 대상 및 주제와 관련 있는 내용이 구성되어야 합니다. 우리나라의 국토에 관해 설명한다고 합시다. 다른 나라와의 비교를 위해서 자료를 활용하는 것도 괜찮지만, 다른 나라 이야기가 오히려 우리나라 국토에 관한 설명보다 많다면 통일성을 어긴 것이 됩니다.

　그렇다면 주장하는 글은 어떻게 해야 통일성을 지키는 것이 될까요? 주장하는 글은 어떤 논제가 옳다는 것을 증명하고 남을 설득시키려는 목적의 글입니다. 그렇기에 주장과 그것을 뒷받침하는 이유와 근거가 관련된 내용으로 연결되어 있어야겠죠? 특히 '논증 방법 파악하며 읽기'에서 배웠듯 오류가 없어야 합니다. 이외에도 대부분의 글은 통일성을 갖춰 쓰는 것이 좋습니다. 단, 문학작품에서는 예외의 경우가 있습니다.

🎓 우리가 알아야 할 것

- 통일성을 갖춘 글은 하나의 주제와 관련되게 글의 내용이 구성된 것을 말합니다.
- 글을 쓸 때 문단이나 글 전체에서 통일성을 어기는 부분은 삭제하거나 이동해야 합니다.

객관적인 보고서를 작성하려면

무슨 의미냐면요

이 부분은 보통 교과서에서 조사, 관찰, 실험에 관한 보고서를 쓰는 활동으로 나옵니다. 특히 보고서는 다른 글보다 좀 더 세부적인 계획을 세워서 쓰는 경우가 많습니다. 보고서는 객관적으로 무언가를 전달하는 글이기 때문이죠. 자료 또한 신뢰성이 있고 정확한 정보를 가져오는 것이 필요합니다. 물론 다른 종류의 글에도 필요한 부분입니다. 하지만 보고서는 연구나 실험, 조사의 결과가 사회적으로 어떤 영향을 미칠 것인지 알 수 없습니다. 따라서 쓰기 윤리를 엄격하게 지키며 써야 합니다. 보고서 쓰기 단계에 대해 살펴보도록 합시다.

좀 더 설명하면 이렇습니다

주제 정하기

먼저 주제 정하기 단계입니다. 보고서는 '조사 보고서, 관찰 보고서, 실험 보고서' 등 종류가 많습니다. 이 단계에서는 주제에 맞는 보고서의 종류를 선택하면 됩니다.

계획 세우기

다음으로 계획 세우기 단계입니다. 이 단계에서는 구체적으로 어떤 내용을 조사하거나 관찰할 것인지에 대한 계획을 세웁니다. 구체적으로는 '조사(관찰, 실험) 기간, 대상, 목적, 내용 및 방법' 등을 정합니다. 그리고 모둠 활동인 경우 역할 분담까지 정하면 좋습니다.

관찰·조사·실험하기

다음은 관찰·조사·실험하기 단계입니다. 전 단계에서 계획을 세웠다면, 이제 직접 실행해야겠죠? 관찰·조사·실험을 할 때는 중간중간의 과정도 기록을 해두는 것이 좋습니다. 과정과 최종 결과까지 기록해서 최대한 많은 자료를 모아야 합니다. 왜냐하면 글을 쓸 때 관련 자료가 어느 정도 있어야 글을 충분히 쓸 수 있기 때문이죠.

자료 수집, 정리·분석하기

다음은 자료 수집, 정리·분석하기 단계입니다. 이전 단계에서 과정과 최종 결과를 기록했다면, 여기에서는 자료를 분류합니다. 필요한 자료와 빼도 될 자료를 정하는 것이죠. 그리고 독자가 이해하기 쉽도록 자료를 분석해 배열하는 활동을 합니다.

일반적인 글쓰기 과정과 비교해보면, 관찰·조사·실험하기는 '내용 생성하기', 자료 수집, 정리·분석하기는 '내용 조직하기' 단계와 유사하다고 볼 수 있습니다. 물론 어떤 교과서에서는 내용 구성하기 단계를 따로 정하기도 합니다. 그러나 큰 틀 안에서는 차이가 없을 것입니다.

보고서 쓰기

마지막으로 보고서 쓰기 단계입니다. 이제 앞의 여러 활동을 통해 정리된 내용을 직접 보고서로 옮기는 것입니다. 주제, 목적, 과정이나 방법, 결과 등을 먼저 정리하고 결론을 정리하는 것이 좋습니다. 물론 이 단계에서는 전에 학습한 쓰기 윤리를 지켜서 작성하는 것도 잊지 말아야겠죠? 보통은 보고서의 마지막에 참고 문헌 혹은 참고 자료 등의 형식으로 따로 출처를 밝히는 것이 일반적입니다.

사실 학교에서 여러분이 보고서를 혼자 쓸 일은 없을 것입니다. 모둠 활동으로 많이 하게 되겠죠. 그래도 여러 교과서에 보고서 단원이 있으니 시험을 위해 이 부분을 학습해두도록 합시다.

우리가 알아야 할 것

- 보고서를 쓸 때는 '쓰기 윤리'를 고려해 작성하는 것이 중요합니다.
- 보고서는 일반적으로 '주제 정하기-계획 세우기-관찰 및 조사하기-자료 수집 및 정리·분석하기-보고서 쓰기' 단계를 고려해 씁니다.

문제 엿보기

【문제】아래 조사 계획의 빈칸 ㉠, ㉡에 들어갈 말을 쓰시오.

조사 계획	
조사 기간	2022년 6월 26일부터 7월 2일
주제	서울 소재 문학관
조사 (㉠)	서울 소재 문학관의 현황 조사 및 개선 방안 제시
조사 내용 및 (㉡)	· 문학관의 위치 및 운영 정보: '가' 학생 · 시설물 및 프로그램: 방문 조사 – '나, 다' 학생 · 문학관 이용 현황 및 추후 계획: 면담 조사 – '라' 학생

✎— 이 문제에서는 '조사 계획'에서 정리한 내용에 대한 항목을 정확히 알고 있는가를 묻고 있습니다. 정답은 ㉠ 목적, ㉡ 방법으로 앞에서 설명한 내용을 잘 확인했다면 충분히 풀 수 있을 것입니다. 이런 문제 외에도 조사 계획에 따른 보고서 내용 등에 빈칸을 넣어두고 제시된 보고서에 관련된 내용을 조사계획과 비교해 차이점을 묻는 문제도 나올 수 있습니다. 물론 기본적인 보고서에 대한 지식이 있고, 항목을 잘 파악했다면 어렵지 않게 풀 수 있을 것입니다.

주장도 체계적으로 해야 설득이 된다

무슨 의미냐면요

주장하는 글쓰기는 상대방에게 나의 주장을 잘 전달하는 게 중요합니다. 여기에서는 상대방에게 내 주장을 설득력 있게 전달하는 방법에 대해 알아보겠습니다.

좀 더 설명하면 이렇습니다

문제 상황 발견하고 정하기

제일 먼저 해야 할 일은 문제 상황을 발견하고 정하는 일입니다. 주장하는 글에는 보통 현재 문제 상황의 변화나 개선 혹은 유지 등에 관한 이야기가 나오기 때문입니다.

주장과 근거 마련하기

다음으로는 문제 상황에 대한 자신의 주장을 정확하게 정해야 합니다. 왜냐하면 주장이 정해져야 그것과 관련한 타당한 근거를 찾을 수 있기 때문이죠. 이어서 주장을 정했으면 타당한 근거를 마련해야 합니다. 주장과 관련 있고 뒷받침할 수 있는 자료를 선정해야 타당성이 확보될 것입니다. 그리고 이런 자료를 사용할 때는 꼭 출처를 잘 기록해서 쓰기 윤리를 지켜야 합니다.

주장과 근거를 바탕으로 내용 조직하기 및 이후 단계

이전 단계에서 적절한 근거를 마련했다면, 이제 내용 조직하기가 필요합니다. 보통 내용 배열이 자연스럽게 된 글은 읽기 쉽고 설득력 또한 있습니다. '논증 방법 파악하며 읽기'에서 배운 논증 방법도 활용하며 내용을 조직하는 것이 좋겠죠? 이후에는 일반적 작문 과정처럼 초고를 쓰고 다시 고쳐 쓰는 과정을 거칩니다.

주장하는 글의 일반적 구성

주장하는 글은 보통 3단 구성으로 조직하는 경우가 많습니다. 각 부분에는 다음과 같은 내용이 있으면 좋습니다. 먼저 서론에서는 글을 쓰는 동기와 목적이나 글의 주제, 현재 상황에 대한 문제 등을 언급합니다. 그리고 본론에서 다룰 내용에 관해 간단하게 소개하는 것이 좋습니다. 그리고 본론에서는 서론에서 소개한 내용을 바탕으로 주장과 그것에 대한 근거를 구체적이고 체계적으로 배열합니다. 마지막 결론에서는 본론에서 밝힌 주요 내용을 간단히 요약하며 주제를 다시 한번 강조하는 것이 좋습니다. 실제로 어떤 글을 쓰든, 이전에 설명한 일반적인 글쓰기 과정을 크게 벗어나는 경우는 많지 않습니다. 그렇기에 기본적인 지식을 알면, 여러분이 실제 글쓰기 수행평가를 할 때 크게 어렵지 않을 것입니다.

🎓 우리가 알아야 할 것

- 주장하는 글은 먼저 우리 주변에서 일어나는 문제 상황을 발견하고, 쓸 내용을 정하는 것이 필요합니다.
- 문제 상황에 대한 본인의 주장과 근거를 바탕으로 내용을 조직하고 초고 작성 및 고쳐쓰기를 통해 글을 완성합니다.
- 주장하는 글은 일반적으로 3단 구성인 '서론-본론-결론'의 구조에 따라 작성합니다.

【문제】〈자료〉의 '학생'을 설득하기 위해 다음과 같이 메모했다. ㉠, ㉡에 들어갈 내용을 〈조건〉에 맞게 쓰시오.

〈자료〉

학생: 학교 운동장에 수돗가를 만들지 말자. 왜냐하면 수돗가로 인해 활동 공간이 협소해지기 때문이다.

〈메모〉

㉮ '학생'이 지적한 문제의 해결 방안
– 활동에 영향을 주지 않는 자투리 공간을 활용한다.

㉯ '운동장 수돗가의 (㉠)
– 학생들이 날이 더워졌을 때 갈증을 해소할 수 있다.
– 코로나로 인한 실내 수도 시설 사용의 감염 확산 문제가 완화된다.
– 부족한 수도 시설로 인해 학생들이 몰리는 포화 문제를 해결할 수 있다.

㉰ 설득할 내용
– 운동장에 수돗가를 만들어도 활동에 문제가 되지 않는다. 오히려 운동장 수돗가 만들기는 (㉠)이/가 많다. 그러므로 (㉡).

〈조건〉

– ㉠은 한 단어로 쓸 것.
– ㉡은 〈자료〉의 '학생' 주장에 대해 반대 의견을 쓰되, 한 문장으로 쓸 것.

✎＿ 이 문제는 설득하는 글쓰기를 다루고 있습니다. 특히 내용 생성하기 부분이 메모에 잘 드러나 있는데요. 여기에서는 문제에 관한 해결 방안을 제시하고, 운동장 수돗가의 장점을 통해 본인의 주장을 설득력 있게 만들고 있습니다. 물론 실제 글을 쓴다면 내용을 좀 더 풍부하게 해야겠죠. 벌써 ㉠의 정답을 말해버렸네요. 본인의 주장을 강화하기 위한 '장점'이 정답입니다. 그리고 ㉡을 보면 〈자료〉와는 반대의 의견을 제시하라고 되어 있고, 실제로 반대 의견에 대한 근거를 마련하고 있기에 정답은 "학교 운동장에 수돗가를 만들자." "학교 운동장에 수돗가를 만들어야 한다."가 될 수 있습니다.

이 영역을 같이 정리하는 이야기

지금까지 우리는 쓰기와 관련된 내용을 배웠습니다. 먼저 여러분은 쓰기 과정이 기본적으로 5단계가 있음을 기억해야 합니다. '계획하기, 내용 생성하기, 내용 조직하기, 초고 쓰기, 고쳐쓰기'의 다섯 가지 과정이었죠.

설명하는 글쓰기에서는 설명 방법과 위의 글쓰기 과정을 활용해 글쓰는 방법을 배웠습니다. 그리고 한 편의 글은 하나의 주제로 통일성 있게 쓰는 것이 좋다는 걸 배웠죠. 또한 보고서를 쓰기 위한 준비 과정도 배웠습니다. 마지막으로 주장하는 글쓰기에 대해 배웠는데 주장도 체계적으로 해야 설득력이 생긴다는 점을 확인했습니다.

이렇게 간단하게 이야기했지만 언제든 잘 기억나지 않는 부분은 해당 부분으로 돌아가서 다시 한번 살펴보기를 바랍니다.

04

나의 일상을
문학적으로
표현해보자

중학교 교육과정 이야기

2015년 개정 교육과정에서 문학 영역의 성취기준은 다음과 같습니다.

> 작품을 수용하고, 생산하는 과정에서 다양한 가치를 발견하고 이를 인간의
> 보편적인 삶과 관련지어 성찰하며 내면화하는 데 중점을 둔다.

실제로 교과서에서는 작품 감상 위주로 학습하게 되는데요. 문학작품이 그저 감상의 대상이 아니라, 우리의 삶과 관련되어 있다는 점은 한번 생각해볼 문제라고 생각합니다. 교과서에 나오는 작품은 인간의 삶 중에서 긍정적인 면을 부각하는 경우가 많아서 우리의 현재 삶이나 사회에 대해 돌아보는 시간을 가지면 좋을 듯합니다. 이어서 성취기준에는 이렇게 나옵니다.

> 심미적 체험으로서 문학의 특성에 관한 이해를 바탕으로 다양한 관점과 방법
> 으로 작품을 해석하고 평가하며 자신의 일상적인 삶을 문학적으로 표현하는
> 능력을 기르는 데 주안점을 둔다.

이 내용은 여러분이 문학을 감상할 때, 여러 감상 방법을 알아야 한다는 것입니다. 그리고 최종적으로는 여러분의 일상을 문학적으로 표현하는 게 목표입니다. 여러분이 이렇게 할 수 있도록 관련된 지식과 방법 등을 알려주도록 하겠습니다.

공부 방향에 대한 이야기

학생들이 많이 어려워하는 부분은 문학작품에·대한 이해 부분입니다. 아마도 문학작품을 너무 지식적으로만 접근하고, 감상보다는 정답을 맞히는 데 집중해서 그런 것 같습니다. 물론 우리가 감상을 할 때 이론적인 부분이 적용되는 것이 사실입니다. 그러나 전체적으로는 문학작품 속에서 어떻게 감정 등을 전달하고 있는지 살펴보는 게 중요합니다.

그래서 이 영역에서는 여러분이 문학작품을 해석할 수 있도록 기초 지식을 알려줄 겁니다. 그리고 동시에 실제 예시를 통해 작품에서 개념을 확인할 수 있도록 할 것입니다. 다양한 문학작품이 실제 문제에 어떻게 나오는가에 대한 부분도 다룰 것이니 걱정하지 말고 잘 따라왔으면 좋겠습니다. 물론 교육과정에서 언급하고 있는 내용 또한 소홀함 없이 다룰 것입니다.

이제부터 여러분이 교과서에서 만날 수 있는 개념들을 설명할 것입니다. 여기에 나오는 용어들이 꼭 시에서만 사용되거나 소설에서만 사용되는 것은 아닙니다. 따라서 따로 나눠서 학습하지 않아도 됩니다. 예를 들어 비유는 시가 나오는 단원에서 학습하지만, 소설에서도 어떤 상황이나 인물을 묘사할 때 사용합니다. 이제부터는 내용을 세부적으로 살펴보겠습니다.

직접 설명하지 않고
인상을 주는 표현법이 있다

무슨 의미냐면요

비유법은 주로 시에서 사용되는 표현법입니다. 『표준국어대사전』에서는 "어떤 현상이나 사물을 직접 설명하지 않고 다른 비슷한 현상이나 사물에 빗대어 설명하는 일"이라고 정의하고 있습니다. 그리고 원래 나타내려는 원관념을 보조관념을 통해 표현하는 방식이라고 설명하기도 합니다. 이런 비유법은 생각보다 종류가 많고 다양한데요. 먼저 중학 교과서에서 주로 다루고 있는 비유 표현을 알아보고, 좀 어려운 개념도 추가적으로 살펴보겠습니다.

좀 더 설명하면 이렇습니다

직유법

『표준국어대사전』에서는 직유법을 "비슷한 성질이나 모양을 가진 두 사물을 '같이, 처럼, 듯이'와 같은 연결어로 결합해 직접 비유하는 수사법"이라고 정의합니다. 한번 생각해봅시다. 우리는 속도가 빠른 동물로 치타를 떠올릴 수 있습니다. 만약 내 친구가 달리기가 빠른 것을 표현하고 싶다면, 이를 활용해 간단하게 '치타 같은 내 친구'라고 표현할 수 있습니다. 여기서 내가 진짜로 알려주고 싶은 사람은 '내 친구'로 원관념이 됩니다. 그리고 친구를 잘 표현해줄 수 있는 '치타'가 보조관념이 됩니다.

이렇게 보면 확실히 달리기가 빠른 친구에 대해 일반적인 문장을 만드는 것보다 더욱 구체적이면서도 강한 인상을 남길 수 있겠죠. 그리고 과연 얼마나 빠른지 궁금증이 생기기도 하고요. 이 표현법은 소설보다는 시에서 많이 찾아볼 수 있습니다. 긴 문장으로 서술하는 소설보다는 짧은 구절이 많은 시에 더 적합하기 때문입니다.

은유법

은유법은 나타내려는 원관념은 숨기고 빗대어 표현하는 보조관념만을 드러내는 표현법입니다. 보통 간단하게 'A는 B(이다.)'의 형태로 많이 쓰입니다. 이를 적용해 앞에서 만든 직유법 표현을 은유로 바꾼다면 '내 친구는 치타'로 바꿀 수 있습니다. 직유법과 비교해보면 '~같은'과 같이 '내 친구'와 '치타'를 이어주는 연결어가 없습니다. 그래서 원관념이 보조관념과 직접적인 연관이 없는 것처럼 보입니다. 좀 더 상상력을 요구하고 참신한 표현처럼 느끼게 되죠.

의인법

『표준국어대사전』에서는 의인법을 "사람이 아닌 것을 사람에 비겨 사람이 행동하는 것처럼 표현하는 수사법"이라고 정의합니다. "산이 슬피 흐느낀다."라는 표현을 봅시다. 이것을 보면 '산'은 사람이 아닌데 "슬피 흐느낀다."라고 표현하고 있습니다. 그냥 우는 게 아니라 슬피 흐느끼는 것은 인간만이 할 수 있는 감정과 행동이겠죠? '산'을 사람인 것처럼 표현 했으니, 다른 사물에 빗대어 표현하는 비유법의 일종이라고 볼 수 있습니다. 시에서도 의인법이 자주 쓰이지만, 시가 아닌 소설 등의 장르에서도 확인할 수 있습니다. 평소 우리가 보는 애니메이션에 보면 동물이 말을 하죠? 이것도 의인법의 일종입니다.

활유법

활유법은 의인법과 유사하지만 약간 다른 개념입니다. 사실 의인법도 세부적으로 파악해보면 활유법 안에 포함되는 부분이 많습니다. 활유법은 일반적으로 무생물을 생명이 있는 것처럼 표현하는 비유법입니다. 여기서 인간만이 느낄 수 있는 감정이나 행동들이 포함되면 의인법이고, 다른 일반 생물도 할 수 있는 행동이 나오면 활유법 안에서 설명되는 경우가 많습니다. 보통 활유법과 의인법을 크게 구분하지 않고 사용하기도 합니다. 그래도 약간의 차이점이 존재한다는 것을 알고 있으면 좋겠습니다.

대유법

대유법은 하나의 사물이나 관념을 나타내는 말을 그것과 밀접하게 연관된 다른 사물이나 관념을 표현할 때 사용하는 방법입니다. 사물의 일부를 보임으로써 전체를 나타내는 '제유법', 밀접한 관련이 있는 다른 명칭을 빌려오거나 소속물로 주체를 나타내는 '환유법'으로 나누기도 합니다. 먼저 제유법의 예로는 "사람은 빵만으로 살 수 없다."가 있습니다. 여기에서 '빵'은 식량 전체를 비유하는 것이죠. 그리고 환유법의 예로는 "그 호수에는 강태공들이 많았다."가 있습니다. 여기에서 '강태공'은 낚시꾼을 비유한 것입니다.

이 정도를 살펴보면 비유법에 대한 문제가 나온다고 해도 큰 어려움이 없을 것입니다. 이제 상징으로 넘어가도록 합시다.

🎓 우리가 알아야 할 것

- 직유법과 은유법의 차이는 연결어를 이용하는지, 바로 결합하는지에 있습니다.
- 활유법과 의인법은 인간만이 할 수 있는 것이냐를 통해 구분하는 것이 좋습니다.
- 대유법은 하나의 시어가 전체를 대표하는 제유법, 소속물로 주체를 나타내는 환유법이 있습니다.

문제 엿보기

【문제】 아래 시를 보고 시의 화자에 대한 설명으로 옳은 것은?

엄마야 누나야

김소월

엄마야 누나야 강변 살자
뜰에는 반짝이는 금모래 빛
뒷문 밖에는 갈잎의 노래
엄마야 누나야 강변 살자

---

① 시의 화자는 어른으로 설정되어 과거를 추억하고 있다.
② 시의 화자가 무생물로 설정되어 사람을 관찰하고 있다.
③ 시의 화자는 어린 시절의 엄마와 누나에 대해 비판하고 있다.
④ 시의 화자는 현실적으로 살고 싶은 곳을 반어적으로 표현했다.
⑤ 시의 화자는 어린 화자로 엄마와 누나에게 하고 싶은 말을 하고 있다.

✎__ ①번은 과거를 추억하고 있기보다는 현실에서 말하는 형식으로 나타나기에 정답으로 보기 어렵습니다. ②번은 화자가 무생물로 설정되었다는 것도 확인이 어렵고, 사람을 관찰하고 있는 모습은 더욱 드러나 있지 않아 정답이 아닙니다. ③번은 화자가 어린 시절의 엄마와 누나를 비판하고 있다고 보기 어려우며, ④번 또한 반어를 확인할 수 있을 만큼 내용이 많지 않습니다. 마지막으로 ⑤번이 정답인데, "엄마야, 누나야."라고 부르는 것으로 보아 어른 화자보다는 어린이에 가깝고, 본인이 하고 싶은 말을 하고 있다는 것을 보고 정답으로 선택해야 합니다.

시어 자체가 다양한 의미로 해석되는 상징

무슨 의미냐면요

　상징은 시어로 어떤 것을 대신하는 기능을 수행합니다. 그리고 보이지 않는 정신의 세계(관념적인 개념인 평화, 사랑 등)를 보이는 물질적인 것으로 바꿔서 표현하는 수사법입니다. 또한 은유법과 대비해보면 원관념이 생략되고 보조관념만 제시되는 형태를 보입니다. 그리고 원관념이 생략되어 있으니 하나의 상징은 여러 개의 원관념을 환기할 수 있습니다. 좀 더 쉽게 풀어보면 보조관념만 제시되는 표현법으로, 상징이 사용된 시어는 다양한 의미로 해석할 수 있다고 보면 됩니다. 이제 종류에 대해 알아봅시다.

좀 더 설명하면 이렇습니다

원형적 상징

먼저 신화나 원시적인 신앙 체계와 관련된 '원형적 상징'이 있습니다. 여러 나라의 신화가 달라도 그 안에서 공통적으로 사용되는 상징이 유사한 것은 원형적 상징과 관련이 있죠. 원형적 상징은 역사, 종교, 문학 등에서 지속적으로 되풀이되어 문화권에 상관 없이 인류 보편적으로 공유되는 특징을 갖고 있습니다. 예를 들어 물은 '생명, 탄생, 죽음, 정화' 등의 의미로 전 세계적으로 비슷하게 쓰이고, 현대시에서도 이와 비슷한 상징을 쓴 예를 확인할 수 있습니다.

관습적 상징

다음으로 십자가가 기독교를 상징한다거나 비둘기가 평화를 상징하는 것과 같은 '관습적 상징'이 있습니다. 이는 오랜 시간 관습적으로 사용되어 사회적으로 인정되는 상징이라고 생각하면 됩니다. 특히 이것은 사회·문화적 관습이 굳어진 상징이기에, 인류 보편적인 원형적 상징과 차이가 있습니다.

개인적 상징

마지막으로 어떤 한 작품이나 시인에게만 적용되는 특수한 의미 관계를 보이는 '개인적 상징'이 있습니다. 이 상징은 보통 시인이 개별 작품에서 특수하게 상징을 만든 것입니다. 비유법은 대상 사이의 유사성을 바탕으로 하지만, 상징은 유사성이 없어도 성립하기에 이런 개인적 상징은 현대시에서 자주 보입니다. 이상화의 〈빼앗긴 들에도 봄은 오는가〉에서 '들'은 일제 강점기에서 '땅'이 될 수도 있고, '자유'가 될 수도 있는 등 다양한 해석이 가능합니다.

시의 심상

시의 심상은 시의 내용을 설명하기 위해 자주 등장합니다. 시를 읽고 어떤 감각이 마음속으로 느껴진 걸 말하는데요. 다른 말로는 이것을 '이미지'라고 표현하기도 합니다. 그럼 종류를 하나씩 살펴볼까요?

먼저 시각적인 내용을 표현한 것을 시각적 심상이라고 합니다. '푸른 사과'라고 했을 때 '푸른'과 같이 단어를 보고 떠오르는 시각적 이미지를 말하는 것이죠. 이와 비슷하게 단어를 보고 소리가 떠오르는 심상은 청각적 심상이 됩니다. '댕댕댕 종 치는 소리'라고 했을 때의 '댕댕댕'이나 '종 치는 소리' 모두 소리에 대해 생각을 하게 되니 청각적 심상을 표현한 것이죠. 다음으로는 후각적 심상이 있습니다. 이것은 '꽃 향기'라고 했을 때, 이 부분 전체에서 우리는 어떤 꽃의 향기인지는 정확히 알 수 없습니다. 그러나 '향기'라는 것은 코로 냄새를 맡을 때 느껴지는 것이기에 후각적이라는 것을 알 수 있죠.

이제 맛을 보는 듯한 느낌을 주는 미각적 심상을 알아봅시다. 정지용의 〈고향〉에서 "메마른 입술이 쓰디쓰다."를 보면 '쓰디쓰다'는 우리가 알고 있는 '쓴맛'을 떠올리게 됩니다. 또 다른 하나는 인간이 피부를 통해 느낄 수 있는 '촉각적 심상'이 있습니다. 이건 '뜨거움, 차가움' 등과 관련된 단어가 등장하는 것으로 파악할 수 있습니다. 마지막으로는 공감각적 심상이라는 것을 알아보겠습니다. 이 심상은 둘 이상의 감각이 결합되어 나타나는 심상인데요. 특히 '감각의 전이'가 일어나는 것이 특징입니다. 감각의 전이는 쉽게 생각하면 어떤 한 감각이 다른 감각으로 느낌의 이동이 일어나는 것을 말하는 것입니다.

김광균의 〈외인촌〉에서 "분수처럼 흩어지는 푸른 종소리"라는 구절은 이런 공감각적 심상을 잘 보여줍니다. '종소리'는 청각적 심상이고, '분수처럼, 푸른'은 시각적 심상입니다. '종소리'라는 청각적 심상을 시각적으로 표현하기 위해 '분수처럼, 푸른'의 시각적 심상으로 이동시킨 것입니다. 앞의 예처럼 공감각이 일어났을 때 '청각의 시각화'가 일어나고, 소리가 시각적인 느낌으로 바뀐 것을 파악하면 되는 것입니다. 심상과 관련해서는 시를 이해하는 데 도움이 되는 기초적인 부분만 알고 넘어가면 충분하리라 생각합니다.

🎓 우리가 알아야 할 것

- 전 세계에서 인류가 보편적으로 알 수 있는 원형적 상징이 있습니다.
- 특정 사회나 집단에서 관습적으로 굳어진 관습적 상징은 원형적 상징과 차이가 있습니다.
- 개별 작품에서 시인이 창조한 개인적 상징은 작품 안에서 다양한 의미로 해석합니다.

문제 엿보기

【문제】 ㉠~㉢ 중 시적 화자가 지향하는 대상이 <u>아닌</u> 것은?

우리가 눈발이라면

안도현

우리가 눈발이라면
허공에서 쭈뼛쭈뼛 흩날리는
㉠<u>진눈깨비</u>는 되지 말자
세상이 바람 불고 춥고 어둡다 해도
사람이 사는 마을
가장 낮은 곳으로
따뜻한 ㉡<u>함박눈</u>이 되어 내리자
우리가 눈발이라면
잠 못 든 이의 창문가에서는
㉢<u>편지</u>가 되고
그이의 깊고 붉은 상처 위에 돋는
㉣<u>새살</u>이 되자

---

① ㉠   ② ㉡   ③ ㉢   ④ ㉣

✎ 이 문제에서는 상징을 묻고 있습니다. 특히 개인적 상징이 잘 드러나 있는데요. 이 시에서는 우리가 알고 있는 상식과는 전혀 다른 내용이 나타납니다. 특히 ⓒ의 함박눈은 분명 사람이 사는 곳에 내리면 평소 눈이 쌓여서 힘들 것이라고 생각하는데, 따뜻하다고 표현했습니다. 그리고 "세상이 춥고 어둡지만, 사람이 사는 마을 중에서도 가장 낮은 곳으로 찾아갈 수 있는 함박눈이 되자."라는 것에서 함박눈이 긍정적인 의미임을 알 수 있죠.

여기에서는 오히려 ㉠의 진눈깨비가 우리가 눈발이라고 가정했을 때, 되지 말아야 할 부정적인 것이라고 말하고 있습니다. 그러므로 진눈깨비는 슬픔, 시련 등 부정적인 의미를 담고 있는 개인적 상징이 됩니다. 또한 ⓒ의 편지와 ㉣의 새살 모두 '희망, 위로, 위안' 등 표면적인 것과 다른 여러 의미를 갖고 있어서 이 문제는 개인적 상징을 잘 보여주고 있습니다. 정답은 지향하지 말아야 하는 것이 나온 ①번입니다.

시와 음악의
공통점이 있다면

무슨 의미냐면요

운율은 시에서 같은 음성 구조를 가진 표현이 반복해서 나올 때 나타납니다. 우리는 이를 통해 음악적인 효과를 느끼게 됩니다. 제가 학교에서 운율을 가르칠 때, 보다 쉽게 가르치기 위해 사용한 용어가 있습니다. 그건 바로 '리듬'입니다. 리듬이라고 하면 적어도 어떤 음이 특정 위치에서 반복되는 것을 연상하기가 쉽습니다. 특히 시와 같은 운문은 소설 같은 산문보다 음악적인 것을 느끼게 하기 위해 운율이 많이 사용됩니다.

좀 더 설명하면 이렇습니다

그렇다면 운율은 시에서 어떤 형태로 나타날까요? 일단 제일 눈여겨봐야 할 것은 '반복'입니다. 여러분이 세계적인 가수인 BTS의 〈Butter〉라는 노래를 들어보면 앞부분부터 특정 리듬이 반복되는 것을 쉽게 찾아볼 수 있을 것입니다. 이처럼 우리는 시에서 언어로 된 특정한 '반복'을 찾아내야 합니다.

외형률

① 음운, 단어, 문장의 반복

먼저 '음운, 단어, 문장의 반복'이 있습니다. 음운은 문법 파트에서 좀 더 자세히 설명하겠지만, 간단하게 자음과 모음이라고 생각하면 됩니다. 같거나 비슷한 음운의 반복이 지속되면 리듬이 생기겠죠? 간단하게 '저기 여기 거기, 사이사이로'라는 말을 보면 'ㅓ'와 'ㅕ', 그리고 'ㅣ'모음의 반복이 리듬을 만들어내는 것을 확인할 수 있습니다. 그리고 같은 단어나 문장 등도 반복이 되면 당연히 운율이 만들어지겠죠.

② 음수율

다음으로는 음수율이 있습니다. 간단하게 일정한 글자 수의 반복을 통해 확인할 수 있는데요. 이런 글자 수의 반복은 특히 고전시가에서 쉽게 확인할 수 있습니다. 예를 한번 봅시다.

단심가

정몽주

이 몸이/ 죽고 죽어/ 일백 번/ 고쳐 죽어

백골이/ 진토 되어/ 넋이라도/ 있고 없고

임 향한/ 일편단심이야/ 가실 줄이/ 있으랴

여기를 보면 일단 글자를 읽을 때 3글자에서 4글자씩 반복됩니다. 보통은 3글자와 4글자가 완전히 반복되지 않고 어느 정도 규칙성을 갖고 반복됩니다. 3·4조는 3글자와 4글자, 4·4조는 4글자와 4글자가 반복되는 것을 나타내는 용어입니다.

③ 음보율

다음은 음보율입니다. 음보는 흔히 끊어 읽게 되는 단위라고 생각하면 되는데요. 위의 시조를 보면 "백골이/ 진토 되어/ 넋이라도/ 있고 없고"에서도 3, 4, 4, 4글자로 비슷한 단위 수로 끊어 읽게 됩니다. 네 토막으로 끊어 읽게 되니 이것을 보통 4음보라고 말하는데요. 우리 고전 운문 등에서는 보통 3음보나 4음보가 많이 나타나고, 드물게 2음보도 확인할 수 있습니다. 그리고 음보는 앞에서처럼 글자 수의 차이가 없는 경우도 있지만, 한 글자나 여섯 글자도 나타나기에 글자 수로 정하기는 어렵다는 점도 알아두면 좋겠네요.

일반적으로 위의 세 가지 정도가 중학교에서 배우는 운율인데요. 위와 같은 경우는 겉으로 형태를 쉽게 알아볼 수 있는 운율이라고 해서 '외형률'이라고 합니다.

내재율

그럼 반대로 내재율이라는 것은 무엇일까요? 외형률과 달리 문장에 잠재적으로 깃들어 있는 운율입니다. 내재율은 우리가 시를 읽으면서 말 그대로 머릿속에서 느낄 수 있는 운율을 말합니다. 많은 경우 현대시는 형식이 자유로운 자유시에 가까워 내재율을 확인할 수 있는데요. 예를 보면서 한번 확인해봅시다.

서시(序詩)

윤동주

죽는 날까지 하늘을 우러러
한 점 부끄럼이 없기를,
잎새에 이는 바람에도
나는 괴로워했다.
별을 노래하는 마음으로
모든 죽어가는 것을 사랑해야지
그리고 나한테 주어진 길을
걸어가야겠다.

오늘 밤에도 별이 바람에 스치운다.

위 시를 보면 실제로 글자 수나 음보 등이 규칙적으로 배열되어 있다고 보기는 어렵습니다. 하지만 우리가 읽어보면 한 행에 주로 2음보 혹은 3음보로 끊어 읽게 됩니다. 그렇게 자연스럽게 읽히면서 리듬감이 느껴지는 것이 내재율이라고 할 수 있습니다.

물론 현대시에서 내재율을 모두 찾아내기 어려울 수 있습니다. 하지만 그것은 꼭 필수적으로 규칙을 찾아내는 것이 아니라, 머릿속에서 느껴지는 리듬감을 통해 알 수 있는 것입니다.

우리가 알아야 할 것

- 시의 운율에는 외형률과 내재율이 있습니다.
- 외형률은 '음운, 단어, 문장의 반복, 음수율, 음보율'로 운율이 만들어집니다.
- 내재율은 시를 읽으면서 머릿속에서 느낄 수 있는 운율을 말합니다.

반대로 말하면
강조가 될까?

무슨 의미냐면요

보통 반어법이라고 표현하는 반어는 『표준국어대사전』에서는 "표현의 효과를 높이기 위해 실제와 반대되는 뜻의 말을 하는 것"이라고 정의합니다. 사실 반어는 우리가 평소에도 많이 쓰는 표현이기도 한데요. 실제 마음으로는 "정말 못났어."라고 생각하는 사람에게 "너무 잘났어."라고 표현하는 것이죠. 이런 표현은 시뿐 아니라 소설에서도 나타날 수 있는데요. 일단 기본적으로 '언어적 반어'와 '상황적 반어', 이 두 가지를 살펴보도록 합시다.

언어적 반어

이 시를 보통 반어로 해석하는 경우가 많습니다. 왜냐하면 사랑하는 사람을 "먼 훗날에서야 잊었다."라고 말하는 것은 현재 시점에서는 어려운 일이기 때문이죠. 그래서 여기서 잊었다는 것은 '잊지 못한다, 못하겠다.'의 의미로 받아들여집니다. 이것이 반어입니다. 보통 이런 '언어적 반어'는 시나 소설을 처음 읽을 때 발견하기 쉽지 않습니다. 두세 번은 읽어봐야 하죠.

먼 후일

김소월

먼 훗날 당신이 찾으시면
그때에 내 말이 '잊었노라.'

당신이 속으로 나무라면
'무척 그리다가 잊었노라.'

그래도 당신이 나무라면
'믿기지 않아서 잊었노라.'

오늘도 어제도 아니 잊고
먼 훗날 그때에 '잊었노라.'

상황적 반어

다른 한 가지는 상황적 반어입니다. 상황적 반어는 보통 소설에서 드러나는 경우가 많은데요. 특히 우리가 쉽게 확인할 수 있는 것은 현진건의 소설 『운수 좋은 날』에 나오는 반어입니다. 이 소설의 주인공인 김 첨지는 인력거꾼으로 매우 운이 좋은 날을 보내고 있습니다. 아침에 일을 나가지 말라는 아픈 아내를 뒤로 하고 일을 하러 나온 후로요. 김 첨지는 운이 너무 좋아 느낌이 이상했지만, 이 기회를 놓치고 싶지 않았습니다. 그래서 일을 열심히 하고, 이후 기분 좋게 술도 마십니다. 그러다 집에서 기다릴 아내가 생각나 설렁탕을 사서 집으로 갔죠.

그런데 이상한 기척이 느껴지는 겁니다. 집 안으로 들어갔더니 어린 아기는 나오지 않는 젖을 물고 있고, 아내는 죽어 있는 상황을 발견합니다. 이 작품은 제목부터가 언어적 반어입니다. 그리고 소설의 줄거리도 제목과 정반대로 흘러가죠. 이런 것을 상황적 반어라고 볼 수 있습니다.

반어는 인상적으로 전달하고자 하는 내용을 강조할 때 사용하면 좋습니다. 교과서에서는 여러분이 확인할 수 있는 단서가 나타나니 차근차근 살펴보면 되겠습니다. 다음으로는 반어와 함께 늘 같이 설명되는 역설에 대해 살펴보겠습니다.

🎓 우리가 알아야 할 것

- 반어는 표현의 효과를 높이기 위해 사용하는 표현법입니다.
- 언어적 반어는 실제 표현과 전달하려는 이면의 의미가 반대로 해석되는 것입니다.
- 상황적 반어는 결과나 결말이 예측되는 것과 반대의 상황으로 전달되는 것을 말합니다.

말이 안 되는
말이 있다

무슨 의미냐면요

역설은 어떻게 보면 반어보다 쉽게 찾아낼 수 있는 요소가 많다고 볼 수 있습니다. 왜냐하면 어떤 시적 표현이나, 소설 등에서 사용될 때 논리적으로 말이 되지 않는 문장의 형식이 드러나기 때문입니다. 다만 역설은 표면적으로는 모순되는 듯 보이지만, 해석의 과정을 거쳤을 때 틀린 말이 아니고, 진실이 드러나는 진술입니다.

좀 더 설명하면 이렇습니다

한용운의 시 〈님의 침묵〉의 한 구절을 살펴봅시다.

아아 님은 갔지마는 나는 님을 보내지 아니하였습니다.

이 부분을 보면 내가 "보내지 않았다."라고 해도 님은 이미 떠난 상황입니다. 하지만 님은 현실에서는 나를 떠났지만, 내 마음 속에서는 잊히지 않는다는 것을 말하고 있는 것이죠. 왜냐하면 아직 나는 님을 사랑하니까요. 그래서 직접적인 문장 해석에서는 오류가 있지만, 자세히 살펴보면 오류가 아닌 것이죠. 다른 예는 윤동주의 〈십자가〉라는 시입니다.

　괴로웠던 사나이 행복한 예수 그리스도에게처럼

이 부분에서도 육체적으로는 십자가에 못 박힌 상황이 괴롭지만, 행복하다고 말합니다. 이건 논리적으로는 모순이죠. 하지만 예수가 인류를 위해 희생했다는 성경의 내용을 참고해보면, 이것은 진실의 요소를 포함하고 있는 것이죠. 뭔가 용어가 어려운 것처럼 보여도 작품에서 앞뒤가 맞지 않는 모순을 찾아낼 수 있으면 됩니다. 흔히 지문 등에서는 '역설법' '역설적 표현'이라는 말로 자주 나타납니다. 그럼 이 정도까지만 확인하고 다음으로 넘어가보겠습니다.

🎓 우리가 알아야 할 것

- 역설은 표면적으로 문장 자체가 말이 되지 않는 모순이 나타납니다.
- 다만 역설은 해석 과정을 거쳤을 때, 그 진실이 드러나기 때문에 틀린 내용으로 볼 수 없습니다.

04 나의 일상을 문학적으로 표현해보자

상대방을 비판하는
문학의 간접적인 표현

무슨 의미냐면요

문학에서는 상대방을 간접적으로 비판하는 방법도 사용합니다. 풍자인데요. 풍자는 시와 소설에서 모두 나타날 수 있습니다. 『표준국어대사전』에서는 풍자를 "문학작품 따위에서, 현실의 부정적 현상이나 모순 따위를 빗대어 비웃으면서 씀"이라고 정의하고 있습니다. 한편 『시와 함께 배우는 시론』에서는 "풍자는 현실을 비판하는 시적 형상화 방식으로 널리 사용되었다."라고 정의하는데요.[*] 『소설학 사전』에서도 "풍자는 대상과 주제를 우습게 만들고 그것에 대해 모욕, 경멸, 조소의 태도를 환기시킴으로써 대상과 주제를 깎아내리는 기능을 한다."라고 정의합니다.[**]

---

[*] 윤여탁 외, 『시와 함께 배우는 시론』, 태학사, 2014년, 151쪽
[**] 한용환, 『소설학 사전』, 문예출판사, 2009년, 478쪽

좀 더 설명하면 이렇습니다

위의 내용들은 모두 풍자가 '비판성, 공격성'이 있다는 걸 설명하고 있습니다. 그리고 풍자가 웃음을 유발한다고 하는데요. 대상을 공격하는 과정에서 부수적으로 웃음이 나오긴 합니다. 하지만 이게 풍자의 목적은 아닙니다. 또한 하나의 텍스트를 다른 텍스트로 희화화(化)해 나타내는 '패러디' 또한 풍자의 한 형태입니다. 이제 관련 작품을 간단하게 살펴봅시다. 먼저 고전 운문의 한 종류인 사설시조를 예로 들어보겠습니다.

댁(宅)들에 동난지이 사오. 저 장사야 네 황화 그 무엇이라 웨는다 사자.
외골내육(外骨內肉) 양목(兩目)이 상천(上天) 전행(前行) 후행(後行) 소(小)아리
팔족(八足) 대(大)아리 이족(二足) 청장(淸醬) 아스슥하는 동난지이 사오.
장사야 하 거북이 웨지 말고 게젓이라 하렴은.

잘 해석이 되나요? 현대어로 풀이하자면 아래와 같습니다.

사람들아, 동난젓 사오. 저 장수야, 네 물건 그 무엇이라 외치느냐? 사자.
밖은 단단하고 안은 물렁하며, 두 눈은 위로 솟아 하늘을 향하고, 앞뒤로
기는 작은 발 여덟 개, 큰 발 두 개, 청장이 아스슥하는 동난젓 사오.
장수야, 그렇게 거북하게 말하지 말고 게젓이라 하려무나.

우리가 알고 있는 '게'는 보통 간장게장이나 양념게장으로 많이 먹습니다. 여기서도 비슷한 음식을 팔고 있습니다. 파는 사람이 '게'를 한자어로 어렵게 설명하면서 팔고 있는 상황입니다. 그래서 한 사람이 어렵게 말하지 말고 '게젓'이라고 말하라고 하는데요. 그 마지막 부분에서 풍자를 확인할 수 있습니다. 당시 쉬운 말도 어려운 한자어로 쓰는 상류층을 비판한 것이죠. 물론 현대시에서도 이렇게 현실을 비판하는 부분이 등장하기도 합니다. 작품 이름만 좀 언급하고 넘어가도록 하겠습니다. 현대시에서는 장정일 시인의 〈라디오같이 사랑을 끄고 켤 수 있다면〉이 있습니다. 이 시는 현대인의 '쉬운 사랑'에 대해 풍자했습니다.

그렇다면 풍자가 사용된 소설은 어떤 것이 있을까요? 고전 소설에서는 대표적으로 박지원의 『허생전』을 확인할 수 있습니다. 작품상에서 허생이라는 인물은 변 씨라는 부자를 찾아가 만 냥을 빌립니다. 그리고 나라 안의 과일을 모두 사서 엄청난 이익을 얻게 되죠. 이 소설을 통해 박지원은 당시 국가 경제 체제 등을 비판했습니다. 현대 소설의 예로는 채만식의 『치숙』이 있는데요. 이 작품에서는 일제에 저항하다가 힘든 상황을 겪는 오촌 고모부와 이를 지켜보면서 비판하는 조카를 등장시킵니다.

여기서 서술자는 조카인데, 주인공인 오촌 고모부를 식민지 상황에 적응하지 못하는 실패한 사람으로 보여주고 있습니다. 하지만 실제로 식민지 상황에 순응하지 않고 살아가는 오촌 고모부가 친일적인 인물인 조카에게 비판을 받아야 할 리가 없죠. 그래서 조카의 가치관에 따라 서술하지만, 실제로는 조카 자신을 스스로 풍자하는 것입니다.

🎓 **우리가 알아야 할 것**

- 풍자는 시와 소설에서 모두 나타날 수 있으며 '비판성, 공격성'을 지닙니다.
- 풍자는 웃음을 유발하지만, 웃음 자체에 목적이 있는 것이 아니고 현실의 부조리 등을 비판하는 것을 목적으로 합니다.

소설과 희곡에서 필수적 요소인 갈등

무슨 의미냐면요

지금부터 이야기할 내용은 '갈등'입니다. 어떤 표현법이 따로 있거나, 독립적으로 존재하는 것은 아닙니다. 하지만 교과서에서 다루고 있습니다. 특히 소설이나 희곡 장르를 공부할 때 중요한 요소입니다. 왜냐하면 소설이나 희곡이라는 장르 특성상 갈등이 없으면 사건이 진행될 수 없기 때문입니다. 일단 교과서에서 다루는 내용 위주로 살펴보겠습니다.

좀 더 설명하면 이렇습니다

『표준국어대사전』에서는 갈등을 "소설이나 희곡에서, 등장인물 사이에 일어나는 대립과 충돌 또는 등장인물과 환경 사이의 모순과 대립을 이르는 말"이라고 정의합니다. 그렇다면 과연 갈등에 대해 어떤 것을 알아야 할까요? 갈등은 크게 주인공의 마음속에서 일어나는 '내(內)적 갈등'과 주인공 외부와의 갈등이나 주인공이 아닌 인물들 간에 일어나는 '외(外)적 갈등'으로 나눌 수 있습니다. 보통 소설이나 연극에서 주인공들이 본인의 마음속에서 고민을 하는 경우인 '내적 갈등'은 쉽게 찾아볼 수 있죠. 하지만 '외적 갈등'은 몇몇 종류로 나눌 수가 있어서 그것에 대해 먼저 알아보겠습니다.

외적 갈등

일단 가장 찾기 쉬운 것은 주인공과의 마찰이나 주인공 주변 인물들 간 갈등인 '인물과 인물의 갈등'이 있습니다. '인물과 인물의 갈등'은 너무나 많은 소설에서 나타나기에 예는 생략하겠습니다. 다음으로는 '인물과 사회의 갈등'이 있는데요. 소설에서 주인공이 그 당시의 사회 제도나 윤리와 갈등이 일어나는 것을 말합니다. 예를 들어 『홍길동전』에서 주인공인 홍길동이 겪는 갈등입니다.

극 중 홍길동은 신분상의 제약으로 능력이 있어도 출세하지 못하고, '아버지' '형'이라고 부르지 못하죠. 이건 홍길동과 사회 제도가 갈등한다고 볼 수 있습니다. 다음으로는 '인물과 자연의 갈등'을 찾을 수 있습니다. 예를 들어 『노인과 바다』에서 인물과 자연 환경의 대립이 나타나죠. 마지막으로는 '인물과 운명의 갈등'이 있습니다. 이것은 주인공이 보통 운명에 의해 결정되거나 파괴되는 등의 일로 나타납니다. 예를 들어 김동리의 『역마』에 나오는 주인공이나, 『오이디푸스 왕』에서의 오이디푸스를 통해 확인할 수 있습니다.

여기서 주의할 점은 이런 갈등이 소설에서 하나만 나타날 수도 있겠지만, 보통 내적 갈등과 외적 갈등이 복합적으로 나타나는 경우가 많다는 것입니다. 그래서 작품에서 어떤 갈등이 나타나는가를 살피는 것이 중요합니다. 왜냐하면 소설이나 희곡이 진행되기 위해 기본적으로 필요한 것이 갈등이기 때문입니다. 갈등은 글의 전개에 긴장감을 주고, 사건의 진행에 필연성을 가지게 합니다. 하지만 소설이 이것만으로 이뤄지는 것은 아닙니다. 이것 외에도 교과서의 소설을 더 잘 이해하기 위해 다른 것도 필요합니다.

🎓 우리가 알아야 할 것

- 소설과 희곡에서 꼭 드러나는 갈등은 '내적 갈등'과 '외적 갈등'으로 나눌 수 있습니다.
- 주인공의 내면적 고민인 '내적 갈등'은 쉽게 확인이 가능하며, '외적 갈등'은 갈등 양상에 따라 '인물과 인물, 인물과 사회, 인물과 자연, 인물과 운명' 사이의 갈등으로 구분됩니다.

소설에서 갖춰야 할 최소 요건

무슨 의미냐면요

소설에서도 중요하게 생각하는 요소들이 있는데요. 너무 자세하게 들어가면 어려울 수 있으니 여러분들이 교과서에서 소설을 배울 때 알아두면 좋을 내용 정도만 살펴보겠습니다. 일단 소설의 3요소는 '주제, 구성, 문체'가 있습니다.

좀 더 설명하면 이렇습니다

'주제'는 소설에서 작가가 전달하고자 하는 중심 생각이나 가치관, 삶의 태도입니다. 물론 모든 작품에서 작가가 의도한 대로 독자가 받아들이는 것은 아닙니다. 하지만 교육과정에서 만나게 되는 작품은 보통 주제가 명확한 경우가 많습니다. 그래서 우리는 교과서에 나오는 작품들을 볼 때, 주제가 무엇인지 파악하며 감상하는 것이 좋습니다.

다음으로 '구성'이 있습니다. 구성은 3요소로 이뤄져 있습니다. '인물, 사건, 배경'인데요. 사건은 갈등의 발생과 전개 과정이라고 볼 수 있습니다. 그리고 나머지 인물이나 배경은 소설에서 중요하게 다뤄지는 만큼 뒤에서 좀 더 살펴보도록 할게요.

마지막으로 '문체'가 있습니다. 문체는 간단하게 작가의 언어 사용 기법이라고 말할 수 있는데, 보통 세 가지로 나눕니다. 일단 크게 나눌 때는 서술자가 말하는 지문과 등장인물이 말하는 대화로 나눌 수 있습니다. 지문은 다시 서술과 묘사로 나뉘는데요. 소설에서는 대화보다는 서술과 묘사에 좀 더 비중을 두고 작품이 전개되는 경우가 많습니다.

먼저 서술은 해설하는 문장으로 인물, 사건, 배경에 대해 서술자가 직접 표현하는 것을 말합니다. 특히 작품에서 사건의 앞뒤를 설명해주거나, 이미 소설에서 제시된 정보들을 요약적으로 전달할 때, 아니면 꼭 필요한 정보를 전달할 때 등 다양하게 사용합니다. 묘사는 대상을 그림을 그려내듯이 표현하는 서술 기법입니다. 소설에서는 특히 인물이나 배경 등을 독자가 머릿속에서 상상할 수 있도록 표현합니다. 이런 서술과 묘사는 작품에서 균형적으로 사용되는 것이 좋습니다. 다음으로 대화는 말 그대로 서로 이야기를 주고받는 것인데, 희곡에서는 많은 비중을 차지하지만 소설에서는 비중이 크지 않습니다.

우리가 알아야 할 것

- 소설을 이루는 요소는 크게 세 가지며, '주제'는 작가가 전달하고자 하는 중심 생각이나 가치관, 삶의 태도입니다.
- '구성'은 인물, 사건, 배경의 배치 등을 말하며, '문체'는 지문과 대화 등을 통해 나타납니다.

소설 구성에도
3요소가 있다

무슨 의미냐면요

앞서 말했듯 소설 구성은 '인물, 사건, 배경'으로 이뤄집니다. '사건'은 갈등의 발생과 그 전개 과정으로 볼 수 있기에 자세한 설명은 생략하겠습니다. 다음으로 소설에서는 의인화된 것이든 사람이든 '인물'이 중요합니다. 인물이 없다면 사건이나 갈등도 진행되기 힘들겠죠. 그러니 중요성이 있는 인물과 관련된 내용을 배우고, '배경'에 대해서도 간단하게 알아봅시다.

좀 더 설명하면 이렇습니다

인물의 유형

인물의 유형은 몇몇 종류로 나눌 수 있는데요. 역할에 따라 주인공에 해당하는 '주동 인물'과 주인공에 맞서서 갈등하는 '반동 인물'로 나눌 수 있습니다. 그리고 중요한 역할이 있는 '주인공'이나 그와 비슷한 정도의 인물인 '주요 인물'과 주인공 주변의 인물인 '주변 인물'이 있습니다. 이런 인물은 소설에서 쉽게 찾아볼 수 있습니다.

한편 성격의 변화에 따라 인물의 성격이 변하지 않고 특징적인 모습만 나타날 경우 '평면적 인물', 인물의 여러 모습을 상황에 따라 발전시키거나 변화시켜 그 성격을 다양하게 보여주는 '입체적 인물'이 있습니다. 예를 들어 소설에서 계속해서 선한 인물로 그려지는 인물이라면 평면적 인물이라고 볼 수 있겠죠. 『흥부전』의 흥부를 떠올리면 쉽겠습니다. 입체적 인물이라면 앞에서 예를 든 『흥부전』의 놀부를 볼 수 있는데요. 동생에게 아주 악하게 구는 인물이 나중에 개과천선해서 우애 좋은 형제가 되었죠. 현대 소설에서는 주인공이 완전히 선하거나 악하지도 않고, 상황에 따라 내적 갈등을 하는 모습을 보여줍니다. 따라서 어떤 인물의 성격을 확인할 때는 전체적인 소설 내용을 보고 판단하는 것이 좋습니다.

다음으로 인물의 특성에 따라 구분할 수도 있습니다. 사회의 정해진 틀에서 움직이는 인물을 '전형적 인물'이라고 하고, 사회의 일반적인 모습과는 대립되거나 다른 특성을 보이는 인물을 '개성적 인물'이라고 합니다. 『운수 좋은 날』의 김 첨지는 1920년대의 일용노동자의 전형성을 보여주기에 전형적 인물이라고 할 수 있습니다. 반면 최인훈의 『광장』에서 주인공 이명준은 당시 사회에 순응해서 살지 않고 제3국을 선택하는 모습을 보여줍니다. 개성적 인물이라고 할 수 있죠.

인물 제시 방법

이제는 소설에서 인물에 대해 알려주는 방법에 대해 간단하게 알아보겠습니다. 보통 인물을 직접적으로 제시하는 '직접 제시(말하기)', 간접적으로 제시하는 '간접 제시(보여주기)'로 구분됩니다. 직접 제시는 소설의 서술자가 직접적으로 인물에 관한 정보를 요약해 제시하는 방법으로 나타납니다. 인물이 어떤 생각과 가치관을 갖고 있는지 직접 설명해줍니다.

반면 간접 제시는 독자가 스스로 인물에 대해 파악할 수 있도록 인물의 행동 방식이나 대화를 통해 보여주는 것을 말합니다. 예를 들어 인물이 어떤 상황에서 어떤 행동을 하는가에 대해서만 서술하거나, 인물 간의 대화에서 대화의 화제에 대해 어떻게 반응하는가를 독자가 보면서 스스로 추리해야 하는 것이죠.

배경

마지막으로 배경입니다. 배경은 소설에서 공간적, 시간적인 요소이며 이야기에서 중요한 역할을 합니다. 왜냐하면 어떤 공간과 시간이냐에 따라 인물의 성격이 형성되며, 인물이 어떤 생각을 갖게 된 이유도 알 수 있기 때문입니다. 배경은 인물의 행동이나 심리, 소설의 분위기 형성에 큰 영향을 끼칩니다. 『홍길동전』의 주인공인 홍길동의 생각과 행동은 조선 시대의 차별적인 신분제를 겪으며 형성되었을 것입니다. 이렇듯 소설에서 배경은 중요합니다.

우리가 알아야 할 것

- 인물의 유형은 구분 기준에 따라 '주동 인물과 반동 인물, 주요 인물과 주변 인물, 평면적 인물과 입체적 인물, 전형적 인물과 개성적 인물' 등으로 나뉩니다.

- 인물을 제시하는 방법에는 직접적 서술인 '직접 제시'와 대화 등의 간접적 서술인 '간접 제시'로 나눌 수 있습니다.

- 배경은 '공간적 배경'과 '시간적 배경'으로 나눌 수 있으며, 인물의 성격이나 가치관을 보여주는 데 중요한 역할을 합니다.

소설을 전개하는 다양한 전달 방식

무슨 의미냐면요

소설에서 시점은 서술자를 통해 이야기가 서술되는 방식을 말합니다. 시점은 이야기가 서술될 때 서술자가 어떤 위치에서 전달하고, 어떻게 보이는지를 말하는데요. 보통은 네 가지로 분류하고 있습니다. 실제 여러분이 중학교나 고등학교에서 보게 되는 소설 문제는 시점에 대해 묻는 활동이나 문제가 많습니다.

좀 더 설명하면 이렇습니다

먼저 '1인칭 주인공 시점'이 있습니다. 이 시점은 보통 주인공이 '나'로 나타나고 본인의 이야기를 하는 경우입니다. 여기서 본인의 이야기라는 것은 본인과 관련된 사건과 갈등에 대해 직접 전개 과정과 감정을 고백하

듯 이야기하는 것을 말합니다.

다음으로 '1인칭 관찰자 시점'이 있습니다. 이 시점은 사건의 관찰자인 인물이 주인공인 인물의 이야기를 서술하는 것입니다. 1인칭 관찰자 시점에서도 '나'가 등장하지만 본인의 이야기가 아닌 소설의 주인공에 대해 이야기하거나, 인물들에 대한 생각을 말하는 것이죠. 물론 사건을 바라보는 '나'의 생각 또한 드러납니다. 예를 들어『사랑손님과 어머니』에서 주요 인물, 즉 주인공은 사랑손님과 어머니지만 인물과 사건, 배경을 이야기하는 것은 어머니의 딸인 옥희입니다. 그래서『사랑손님과 어머니』의 시점은 1인칭 관찰자 시점이 되는 것입니다.

3인칭에는 먼저 '3인칭 관찰자 시점(작가 관찰자 시점)'이 있습니다. 주인공 멀리서 주인공과 관련된 인물, 사건 등에 대해 객관적으로 이야기하는 시점입니다. 일단 '나'라는 존재가 관찰하는 것이 아니기에 멀리서 누군가가 관찰하며 이야기하는 것을 떠올리면 좋을 것입니다. 주인공이나 인물들에 대한 평가 등을 하지 않고, 대화나 행동 등을 전달해준다면 이 시점이라고 파악하면 됩니다.

마지막으로 '3인칭 전지적 시점(전지적 작가 시점)'이 있습니다. 이 시점 또한 '나'가 등장하지 않지만, 서술자가 모든 이야기의 내용을 통제하고 서술을 진행시키는 시점입니다. 그래서 작가가 모든 것을 알고 쓰는 시점이라고 해서 '전지적 작가 시점'이라고 부릅니다. '나'가 등장하지 않기에 '3인칭 전지적 시점'으로도 부릅니다. 여기서 '전지적'이라는 것은 서술자가 모든 것을 다 알고 있다는 뜻입니다. 따라서 소설의 모든 것을 알고 있는 서술자가 독자에게 이야기하는 부분을 찾는다면 3인칭 전지적 시점이라고 생각하면 됩니다.

🎓 우리가 알아야 할 것

- 1인칭 시점은 '나'가 직접 나와 관련된 사건을 말하는 '1인칭 주인공 시점', 주인공을 '나'가 관찰하는 '1인칭 관찰자 시점'으로 구분할 수 있습니다.
- 3인칭 시점은 소설 밖에서 객관적인 시점으로 전달하는 '3인칭 관찰자 시점(작가 관찰자 시점)'과 모든 걸 아는 '3인칭 전지적 시점(전지적 작가 시점)'으로 구분할 수 있습니다.

【문제】 아래 〈자료〉의 시점을 파악하고, 그 근거를 쓰시오.

---〈자료〉---

1. 김철수는 오늘 아내의 부탁을 받고 어쩔 수 없이 가기 싫은 전시회에 가게 되었다. 아내는 꼭 보고 싶다고 얘기했지만, 김철수는 본인의 의사를 중요하게 생각하지 않는 것에 서운함을 느꼈다.

2. 나는 오늘 예술의 전당에서 열리는 전시회에 어쩔 수 없이 가게 됐다. 아내가 1년 이상을 기다렸다며 꼭 표를 직접 구매해야 입장이 가능한 것이니 가서 표를 구해오라고 한 것이다. 나도 평소에 많이 바쁜데 얼마나 걸릴지 모르는 일에 시간을 써야 한다는 것에 많은 서운함을 느꼈다.

✎ 자료 1의 경우를 먼저 확인합시다. 일단 사람의 이름이 등장합니다. 여기에서 1인칭이 아니라는 것을 파악해야 합니다. 또한 "서운함을 느끼게 했다."라는 부분을 근거로 심리까지 모두 파악이 가능하기에 '3인칭 전지적 시점'으로 볼 수 있습니다.

자료 2의 경우에는 '나'가 등장하므로 1인칭 시점임을 알 수 있습니다. 그리고 본인과 아내의 갈등에 대해 '나'의 생각을 서술하므로 '1인칭 주인공 시점'으로 볼 수 있습니다. 다만 여기에 제시되지 않은 부분에서 아내로 등장하는 인물이 사건을 중심적으로 이끌어 간다면 '나'는 관찰자가 될 수도 있다는 점을 유의하면 될 듯합니다. 실제 수행평가나 시험에서는 보다 명확한 내용을 묻기에 큰 걱정을 하지 않아도 됩니다.

문학을 감상하는 다양한 관점

무슨 의미냐면요

일반적으로 문학작품을 감상할 때는 여러 관점에서 접근하고 이해할 수 있습니다. 여기에서는 이런 관점을 간략하게 살펴보도록 하겠습니다.

좀 더 설명하면 이렇습니다

일단 작품 안에 나타난 내용만을 감상이나 분석의 대상으로 삼는 '내재적 관점'이 있으며, 작품 밖에서 영향을 미치는 것을 감상이나 분석의 대상으로 삼는 '외재적 관점'이 있습니다. 여기에서 '외재적 관점'은 다시 세 가지로 구분됩니다.

먼저 작가의 창작 의도나 실제 삶의 내용, 심리 상태 등을 중시해 작가와 작품의 관계에 초점을 맞춘 관점이 있습니다. 이런 관점을 '작가 중심 관점' 혹은 '표현론적 관점'이라고 합니다. 한편 작품은 작가가 정하거나 의도한 대로만 해석되지 않을 수 있습니다. 독자의 주체적인 의미 해석이나 감동, 그 원인 등에 대해 감상하거나 분석하는 관점이 있습니다. 이런 관점을 '독자 중심 관점' 혹은 '효용론적 관점'이라고 합니다. 마지막으로 작품은 현실과 분리될 수 없기에 현실 반영적인 측면을 중시해 감상하거나 분석하는 관점이 있습니다. 이런 관점을 '반영론적 관점'이라고 합니다.

원작과 비교하며 감상하기

이 부분은 여러분에게 새로운 개념을 알려주는 건 아닙니다. 하지만 교과서에 교육과정 성취기준에 맞는 학습목표로 단원이 제시되어 있습니다. 그래서 위 소제목과 비슷한 단원이 나왔을 때, 어떻게 공부하면 좋은가를 이야기하려고 합니다.

'원작과 비교하며 감상하기' 단원은 다음과 같이 교육과정 성취기준이 정해져 있습니다. "재구성된 작품을 원작과 비교하고, 변화 양상을 파악하며 감상한다." 그러니 여러분은 원작과 다른 재구성된 작품이 내용이 어떻게 바뀌었는지 혹은 장르가 달라졌는지 등을 확인하는 학습 활동을 하게 될 것입니다. 이 단원에서 중요한 것은 원작과 비교하며 감상하는 방법과 그것에 대한 효과입니다. 그것에 대해서만 좀 설명하고 다음으로 넘어가도록 하겠습니다.

재구성된 작품을 원작과 어떻게 비교하며 감상할까요? 먼저 내용이나 표현, 형식 등이 어떻게 달라졌는지 확인하는 것이 좋습니다. 원작의 내용을 바꿀 수도 있고, 소설이 희곡 등으로 장르가 아예 바뀐 경우도 있을 것입니다. 그리고 표현 방법 등도 다르게 바꿀 수가 있겠죠? 이런 부분을 확인하며 감상해야 합니다. 또한 원작을 재구성하게 된 작가의 새로운 관점이나 생각을 이해하고, 원작과 재구성된 작품이 주는 가치에 대해 생각해보며 감상하는 것이 좋습니다.

원작을 비교하며 감상할 때의 효과는 어떤 것이 있을까요? 일단 원작과 재구성된 작품을 비교하면서 읽으면 두 작품을 자세하게 읽게 됩니다. 이것은 결국 일반적인 감상보다 더욱 깊이 있게 감상하게 되는 효과를 줍니다. 또한 옛날 작품인 원작과 재구성된 작품을 비교해보면, 현재 여러분이 살고 있는 시대의 생각과 다른 부분이 있을 것입니다. 이런 부분을 비판적으로 바라보고, 창의력을 발휘해 내용을 바꿔보는 것도 좋을 것입니다.

🎓 우리가 알아야 할 것

- 문학작품 감상의 관점은 작품 자체의 내용을 중심으로 감상하는 '내재적 관점'과 작품 외적인 요소를 중심으로 감상하는 '외재적 관점'이 있습니다.

- 다시 외재적 관점은 작가와 작품의 관계에 초점을 맞추는 '표현론적 관점', 독자의 감상과 해석을 중심으로 하는 '효용론적 관점', 작품을 둘러싼 현실적 요건 등을 중심으로 하는 '반영론적 관점'으로 나눌 수 있습니다.

이 영역을 같이 정리하는 이야기

이번 영역에서는 시와 소설에서 자주 사용되는 표현 방법과 중요하게 생각되는 요소를 알아봤습니다. 먼저 시에서 자주 사용되는 여러 비유법을 먼저 배웠습니다. '직유법, 은유법, 의인법, 활유법' 등인데 꽤나 자주 등장하는 내용이니 잘 기억하기 바랍니다. 그리고 여러 의미를 가지는 '상징', 음악성과 관련된 '운율', 시와 소설을 가리지 않고 사용되는 '반어'도 배웠습니다. 반어는 실제 드러난 표현과 반대되는 의미를 전달하는 것인데, 강조의 효과가 있다는 점을 잘 기억하기 바랍니다. 그리고 반어와 비슷하게 보이지만, 말 자체에 모순이 있는 '역설'과 간접적으로 비판하기 위한 '풍자'도 배웠습니다.

그리고 소설에서 중요하게 생각되는 소설의 3요소인 '주제, 구성, 문체'도 배웠습니다. 여기에서 다시 소설 구성의 3요소를 배웠고요. 소설 구성의 3요소는 '인물, 사건, 배경'이 있었습니다. '사건'은 갈등과 연관 있는 요소이고 중요한 내용이라 따로 글을 구성했습니다. 그리고 소설의 네 가지 시점인 '1인칭 주인공 시점, 1인칭 관찰자 시점, 3인칭 관찰자 시점, 3인칭 전지적 시점'도 기억해야 합니다. 마지막으로는 문학 감상의 관점으로 '외재적 관점, 내재적 관점'을 구분해서 배웠습니다. 외재적 관점은 '표현론적 관점, 효용론적 관점, 반영론적 관점'으로 나뉘니 각각의 차이를 잘 알아두기 바랍니다.

05

문법은
필수 개념만
알면 된다

중학교 교육과정 이야기

2015년 개정 교육과정에서 문법 영역의 성취기준은 다음과 같습니다.

> 다양한 문법 단위에 관한 이해와 탐구 활동을 함으로써 총체적인 국어 능력을
> 기르는 데 중점을 둔다.

사실 여러분이 가장 어려워하는 영역이 문법이죠. 저는 학교에서 학생들을 가르치며 무엇보다 실감하고 있습니다. 그래서 문법을 책의 가장 마지막에 배치했습니다. 문법 영역의 성취기준을 구체적으로 보면 다음과 같습니다. 글을 '음운, 단어, 문장' 등 세부적인 문법 단위로 나뉘는 것에 대해 알아보고, 여러 문법 현상에 대한 탐구 활동을 통해 여러분이 보다 나은 지식을 가질 수 있도록 하는 것이죠. 문장의 가장 작은 단위부터 담화와 어문 규범까지 살펴보고 국어에 지속적인 관심을 가질 수 있도록 하는 것이 목적입니다.

특히 문법은 마치 수학 문제처럼 논리적으로 접근해야 하는 부분이 있어서 어려워하는 학생이 많습니다. 그래서 흥미를 끌기가 더욱 어렵다고 생각하는데요. 이 영역에서는 학생들이 어렵다고 하는 부분을 쉽게 설명하는 것을 우선으로 하겠습니다.

솔직히 이야기하면 문법은 공부하기 어렵지만, 잘하는 방법은 단순합니다. 필수 개념을 확실하게 외우기만 하면 됩니다. 교과서 내 학습 활동에서는 탐구 과정을 직접 풀어나가는 내용이 많이 포함되어 있습니다. 그러나 기본적인 것에 대한 지식을 잘 이해한다면 크게 어렵지 않게 풀어나갈 수 있을 것입니다. 문법 영역은 교과서마다 필수적으로 다루는 부분이 있습니다. 이 부분을 최대한 자세하게 풀어서 이야기해보겠습니다. 여기 또한 걱정하지 말고 잘 따라와주길 바랍니다. 그럼 이야기를 시작해보도록 하죠.

가장 작은
소리의 단위

무슨 의미냐면요

음운은 가장 작은 소리의 단위입니다. 한국어 문법에서 우리말의 발음 현상과 가장 깊은 연관이 있습니다. 여기에서는 음운에 대해 간단하게 살펴보고, 이후 자세하게 자음과 모음에 관련된 지식을 배우도록 하겠습니다.

좀 더 설명하면 이렇습니다

우리는 문법에서 먼저 음운을 배우게 됩니다. 왜냐하면 우리가 배울 문법 단원에서 가장 작은 소리의 단위이기 때문이죠. 『표준국어대사전』에서는 음운을 "말의 뜻을 구별해주는 소리의 가장 작은 단위"라고 정의합니다. 음운은 사실 '음소'와 '운소'를 아울러서 지칭하는 말인데요. 간단하게 보면 '음소'는 우리가 알고 있는 자음과 모음이라고 생각하면 됩니다.

예를 들어 '강'이라는 글자에서 'ㄱ'을 'ㅂ'으로 바꾸면 '방'이 됩니다. 이런 것처럼 자음 하나만 바꿨을 뿐인데 뜻이 전혀 다른 글자가 만들어지죠. 이렇게 뜻을 변별해주는 자음과 모음 하나하나가 '음소'가 되는 것입니다.

그렇다면 '운소'는 무엇을 뜻하는 것일까요? 소리의 길이나 높낮이로 단어의 뜻을 구별할 수 있을 때, 그것을 '운소'라고 지칭합니다. 특히 이것은 어떤 음운을 찾아서 확인하는 것이 아니라 단어에서 확인할 수 있습니다. 예를 들어 시각 기관 '눈'은 그냥 발음하도록 되어 있는데, 추울 때 오는 '눈'은 발음 기호에 [눈ː]이라고 되어 있습니다. 이것은 길게 발음하라는 것으로, 우리말에서도 아직 소리의 길이에 따라 뜻이 구별되는 경우가 있다는 것이죠. 하지만 요즘에는 소리의 길이로 단어를 구분하는 경우가 점점 사라지고 있습니다. 이런 것을 합쳐서 원래는 음운이라고 한다는 것만 알고 지나갔으면 합니다. 이제부터는 본격적으로 자음과 모음의 체계에 대해 알아보도록 합시다.

🎓 우리가 알아야 할 것

- 우리가 알고 있는 음운은 '음소'와 '운소'로 구분됩니다.
- 음소는 우리가 알고 있는 '자음'과 '모음'으로 나뉩니다.
- 운소는 우리 국어에서 음의 장단으로 나타납니다. 현대 국어에서는 의식적으로 판별하지 않는 이상 확인하기 어렵습니다.

자음은 홀로
소리날 수 없다

무슨 의미냐면요

자음은 홀로 발음되지 못하고 반드시 모음과 결합해야 합니다. 학생들이 보통 궁금해하는 부분이 자음인 'ㄱ'의 발음에 관한 것입니다. 'ㄱ'을 [기역]으로 발음하지 않느냐고 할 수 있는데요. [기역]은 자음의 이름을 말하는 것입니다. 발음되는 소리 자체는 아니죠. [기역]의 [기] 또한 'ㄱ'에 모음인 'ㅣ'와 결합해 소리가 나는 것입니다. 그래서 다른 소리와 닿아야 발음이 된다고 해 '닿소리'라고 부르기도 합니다. 그렇다면 이제 어떤 기준에 따라 자음을 나눌 수 있는지 알아보도록 합시다.

좀 더 설명하면 이렇습니다

자음은 보통 조음 위치(소리가 나는 위치)와 조음 방법(소리를 내는 방법)에 따라 분류됩니다. 보통 자음은 홀로 소리가 나지 않고, 어떤 방해를 받아 소리가 나게 됩니다. 여기에서 방해가 일어나는 위치를 '조음 위치', 방해가 일어나는 방식을 '조음 방식'이라고 부릅니다. 먼저 조음 위치에 따른 자음을 알아보도록 합시다.

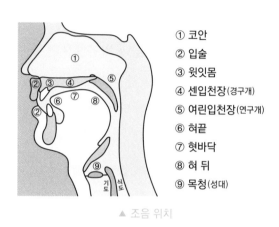

① 코안
② 입술
③ 윗잇몸
④ 센입천장(경구개)
⑤ 여린입천장(연구개)
⑥ 혀끝
⑦ 혓바닥
⑧ 혀 뒤
⑨ 목청(성대)

▲ 조음 위치

조음 위치에 따른 분류 (소리가 나는 위치 기준)

① 양순음 (입술소리)

보통 한자어로는 양순음이라고 하지만, 중학교 수준의 교과서에서는 '입술소리'라고 합니다. 실제 조음 위치는 발음을 하면서 위치를 느껴보면 쉽게 이해할 수 있습니다. 양순음에는 'ㅂ, ㅍ, ㅃ, ㅁ'이 있는데요. 실제로 'ㅡ'나 'ㅏ' 모음을 붙여 발음하면 소리 나는 위치를 좀 더 쉽게 파악할 수 있습니다. '므'라고 한번 발음해보세요. 두 입술이 붙었다가 떨어지면서 소리가 나는 것을 느낄 수 있을 것입니다. 다른 위치에서 나는 자음도 알아보죠.

② 치조음 (혀끝소리)

여기에 해당하는 자음은 혀끝을 윗니의 뒷부분이나 윗잇몸에 대어서 나는 소리입니다. 치조음이라고도 하지만 여러분은 '혀끝소리'로 알고 있을 겁니다. 이런 명칭도 있다는 정도만 알고 있으면 충분할 듯하네요. 먼저 '혀끝소리'에 해당하는 자음에는 'ㄷ, ㅌ, ㄸ, ㅅ, ㅆ, ㄴ, ㄹ'이 있는데요. 앞에서와 같이 'ㅡ'나 'ㅏ' 모음을 붙여 발음해보면 윗니의 뒷부분이나 윗잇몸과 가까운 곳에서 혀의 위치를 확인할 수 있을 것입니다.

③ 경구개음 (센입천장소리)

윗잇몸 뒤의 입천장에 혀를 대보면 단단한 부분을 느낄 수가 있습니다. 여기를 '센입천장'이라고 합니다. '센입천장소리'는 혓바닥이 윗잇몸 뒷부분인 입천장 부위에 댔을 때 나는 소리입니다. 여기에 해당하는 자음은 'ㅈ, ㅊ, ㅉ'입니다. 여기서도 여러분이 'ㅡ'나 'ㅏ' 모음을 붙여 발음해보면 위치를 알기 쉽겠죠?

④ 연구개음 (여린입천장소리)

앞에서 센입천장의 위치보다 좀 더 혀를 뒤로 이동해보면 단단했던 입천장이 약간 무르게 눌리는 부분을 확인할 수 있는데요. 여기를 '여린입천장'이라고 합니다. 여기에서는 혀의 뿌리 부분이 말려 올라가며 말랑말랑한 입천장 부분에 닿으면서 소리가 나게 됩니다. 여기에 해당하는 자음은 'ㄱ, ㅋ, ㄲ, ㅇ'이 있습니다. 여기 역시 'ㅡ'나 'ㅏ' 모음을 붙여 발음하면 위치를 확인하기 좋습니다.

이 부분에서 주의할 점은 'ㅇ'을 '응'이라고 했을 때, 음절의 처음 소리인 초성에서 다른 자음처럼 소리가 나지 않는다는 것입니다. 실제로 'ㅏ'와 '아' 모두 발음을 하라고 하면 똑같이 할 수 있는데, 초성에서는 표기만 한다는 점을 알아두면 됩니다. 그래서 'ㅇ'은 '응'과 같이 발음했을 때, 음절의 끝소리인 종성에서만 소리가 납니다. 이걸 알아두면 고등학교에서 음운에 대해 자세히 배울 때 당황하지 않을 것입니다.

⑤ 후음(목청소리)

후음은 성대가 있는 목구멍에서 나는 소리입니다. 앞에서 배운 대부분의 소리가 입 안에서 나지만, 후음은 다른 곳에서 납니다. 여기에 해당하는 자음은 'ㅎ' 하나뿐입니다. 이 자음도 'ㅡ'나 'ㅏ' 모음을 붙여 발음하면 성대 뒤 목구멍에서 소리가 나오는 것을 확인할 수 있습니다.

조음 방법에 따른 분류(소리가 나는 과정을 기준)

① 파열음

여기서는 여러분이 자음을 발음할 때 공기가 어떻게 움직이고, 목구멍이나 입 안이 어떤지를 느끼면서 이해하는 것이 좋습니다. 파열음은 단어 자체가 뭔가 터지는 듯한 느낌이 들지 않나요? 파열음은 소리를 낼 때 공기의 흐름을 막고, 막는 시간이 지속되다가 마지막에 소리가 강하게 터져 나오는 과정을 거칩니다. 자음 중 'ㅂ, ㅃ, ㅍ, ㄷ, ㄸ, ㅌ, ㄱ, ㄲ, ㅋ'이 파열음에 속합니다. 실제 모음을 붙여 소리를 천천히 발음해보면 공기가 막혔다가 소리가 나올 때 약간 강하게 공기가 나가는 것을 느낄 수 있을 것입니다.

② 마찰음

마찰음은 입 안이나 목청에서 공기가 흐르는 통로가 많이 좁아지지만, 공기가 완전히 막히지 않고 마찰되는 것처럼 소리가 나오는 자음을 말합니다. 'ㅅ, ㅆ, ㅎ'이 여기에 속합니다. 여러분도 천천히 공기를 흘려보내듯 발음해보면 마찰음이 파열음과는 확실히 다르다는 것을 확인할 수 있을 것입니다.

③ 파찰음

파찰음은 기본적으로 파열음과 마찰음의 성질을 다 갖고 있습니다. 먼저 공기의 흐름을 막은 후 마찰음처럼 통로를 좀 열면 공기가 마찰되는 소리가 납니다. 공기의 흐름이 막힌다는 점에서는 파열음의 성질을, 좁은 통로로 공기를 흐르게 해 소리가 나오는 점은 마찰음의 성질을 갖고 있습니다. 파찰음에는 'ㅈ, ㅊ, ㅉ'이 있는데, 이 또한 천천히 발음해보며 그 특징을 알아보는 것이 이해하기 좋을 것입니다.

④ 비음

비음은 일단 코와 관련되어 있는 느낌이 많이 들죠? 비음은 파열음과 소리가 만들어지는 과정이 유사한 면이 있습니다. 비음도 파열음처럼 공기의 흐름을 막고, 막는 시간을 지속시키다가 마지막에 소리를 터트려 발음합니다. 공기가 흐르는 통로가 콧속에서는 열려 있다는 점이 다릅니다. 그래서 실제로 여러분이 발음해보면 공기가 코로 흐르는 것을 확인해 볼 수 있습니다. 코를 막으면 '비음'은 발음이 제대로 되지 않습니다. 비음에는 'ㅁ, ㄴ, ㅇ'이 있습니다.

⑤ 유음

유음은 혀끝을 잇몸에 가볍게 대었다가 떼거나, 잇몸에 댄 채 공기를 그 양옆으로 흘려 보내면서 내는 소리입니다. 유음은 'ㄹ' 하나인데, 상황에 따라 앞에서처럼 대고 있거나 가볍게 대었다가 떼면서 소리가 나옵니다. 여러분이 '라'를 발음해보면 잇몸 뒷부분에 혀가 붙었다가 떨어지면서 소리가 날 겁니다. 여기서 여러분의 혀 양옆으로 공기가 나가는 것을 느낄 수가 있을 것입니다.

울림의 차이에 따른 분류

① 안울림소리(장애음)

여러분이 앞에서 배운 자음 중에서 파열음, 파찰음, 마찰음은 입 안에서 방해를 많이 받으며 소리가 만들어집니다. 그래서 발음에 장애가 많은 점을 고려해 '장애음'이라고 하며, 콧속이나 입 안에서 공기의 흐름이 자유롭지 못한 것이 특징입니다.

② 울림소리(공명음)

울림소리는 입 안이나 콧속에서 공기가 안울림소리에 비해 방해를 적게 받습니다. 그래서 울림이 있는 소리를 말합니다. 어렵게 생각하지 말고 안울림소리에 비해 방해를 적게 받고 울림이 있는 소리 정도로 생각하는 것이 좋을 듯합니다. 울림소리는 입 안에서 공기가 혀 옆으로 흐르거나, 콧속으로 공기가 흐르는 비음과 유음을 말하는 것이고, 공명음은 울림소리를 다르게 부르는 것이라고 생각하면 됩니다.

소리의 세기, 목구멍의 긴장

앞에서 말한 안울림소리는 동일한 조음 방법과 위치에서 발음됩니다. 그러나 세 가지 소리로 구별됩니다. 소리의 세기에 따라 '예사소리(평음), 된소리(경음), 거센소리(유기음)'로 구별되는 것이 그것이죠. 예를 들어 'ㅂ, ㅃ, ㅍ, ㄱ, ㄲ, ㅋ, ㄷ, ㄸ, ㅌ, ㅅ, ㅆ' 등이 있습니다. 예사소리가 소리의 세기가 가장 낮다고 생각하면 됩니다. 된소리와 거센소리는 소리의 세기는 예사소리보다 크지만 발음에 차이가 있습니다. 예를 들어 '담'에 비해 '땀'이나 '탐'이 더 소리의 세기가 큰 느낌이 있습니다. '땀'은 목구멍이 긴장되면서 소리가 세지지만, '탐'은 공기가 터져 나오면서 소리가 세집니다. 이 정도만 알고 있으면 여러분이 앞으로 배울 고등학교 과정에서도 자음에 대한 이해는 어려움이 없을 것입니다.

조음 방법		조음 위치	양순	치조	경구개	연구개	후두
장애음	파열음	평음	ㅂ	ㄷ		ㄱ	
		유기음	ㅍ	ㅌ		ㅋ	
		경음	ㅃ	ㄸ		ㄲ	
	마찰음	평음		ㅅ			
		유기음					ㅎ
		경음		ㅆ			
	파찰음	평음			ㅈ		
		유기음			ㅊ		
		경음			ㅉ		
공명음	비음		ㅁ	ㄴ		ㅇ	
	유음			ㄹ			

[표] 자음 체계

음절의 끝소리 규칙

우리말은 7개의 자음만 받침을 발음할 수 있습니다. 7개의 자음은 'ㄱ, ㄴ, ㄷ, ㄹ, ㅁ, ㅂ, ㅇ'로, 예전부터 암기하기 쉽게 '가느다란 물방울'이라고 불렀습니다. 받침 발음에 제약을 받는 이것을 보통 '음절의 끝소리 규칙'이라고 합니다. 예를 들어 '끊'과 같은 경우 'ㄴ'의 받침만 발음이 나고 뒤의 'ㅎ'은 뒤 음절로 축약되거나 탈락됩니다. 다른 겹받침의 경우도 'ㄼ'을 예로 들어보면 '넓다'와 같은 경우 [널따]로 발음되는 것을 볼 수 있습니다. 이것은 받침의 발음에서 강력하게 작용되는 규칙입니다.

우리가 알아야 할 것

- 자음은 조음 위치에 따라 '입술소리, 혀끝소리, 센입천장소리, 여린입천장소리, 목청소리'로 나뉩니다.

- 조음 방법에 따라 분류하면 '파열음, 파찰음, 마찰음, 비음, 유음'으로 나뉩니다.

- 입 안의 울림 차이로 분류하면 '안울림소리'와 '울림소리'로 나뉘며, 소리의 세기와 목구멍의 긴장 유무에 따라 '거센소리'와 '된소리'로 구별됩니다.

【문제】〈자료〉의 설명에 따라 발음해야 하는 단어를 고르면?

〈자료〉

★ '원리'의 발음

· 원리[원니] (X)

· 원리[월리] (O)

– '원'의 끝소리 'ㄴ'과 '리'의 첫소리 'ㄹ'이 만남.

– 'ㄴ'은 비음이고 'ㄹ'은 유음임.

– 'ㄴ'이 유음과 만나면 유음으로 바뀌어 소리 남.

– '[월리]'로 발음해야 함.

① 한류　　　② 강력　　　③ 통로　　　④ 협력　　　⑤ 백로

이 문제는 음운에 대한 지식이 있으면 이해하기 쉽습니다. 일단 우리 말의 비음은 'ㅁ, ㄴ, ㅇ(받침에서만)'이 있습니다. 〈자료〉에서는 비음인 받침 'ㄴ'과 뒤 음절의 유음 초성 'ㄹ'이 만나는 환경을 제시했으니, 그것과 비슷하거나 같은 것을 찾아야겠죠. 쉽게 답이 ①번인 것을 찾을 수 있을 것입니다. 여기에서는 이렇게 음운과 음운이 만나 발음이 변하는 현상을 알고 있으면 됩니다. 유음이 아닌 비음이 유음이 되는 음운 현상인 '유음화'에 대한 설명을 하고 있는 것이죠. 하지만 중학교 수준의 문제라 많은 힌트를 줬습니다. 책을 읽고 있는 여러분은 어렵지 않게 풀었겠죠?

홀로 소리가
날 수 있는 모음

무슨 의미냐면요

일단 자음과 다른 모음의 특성에 대해 알아보도록 하죠. 모음은 자음과는 달리 공기의 흐름에 방해를 거의 받지 않는다는 특징이 있습니다. 실제로 여러분이 모음 'ㅏ'나 'ㅗ'를 지금 입으로 발음해봐도 자음처럼 조음 과정이 어렵지 않은 것을 확인할 수 있죠. 그리고 모음은 홀로 발음될 수 있습니다. 자음은 무조건 모음과 결합해야 발음이 가능하지만, 모음은 그러지 않아도 발음이 되어 '홀소리'라고 부릅니다.

좀 더 설명하면 이렇습니다

자음처럼 모음도 몇몇 기준으로 나눌 수 있습니다. 가장 먼저 나눠야 할 것은 '단모음'과 '이중 모음'입니다. 이것은 소리를 내는 도중에 입술 모양이나 혀의 위치가 달라지는가에 따라 구분합니다. 그리고 '단모음'도 여러 기준으로 나눌 수 있는데요. 그 기준에 따라서 모음 체계를 확인할 수 있으니 하나씩 살펴봅시다.

먼저 모음의 분류 기준은 '혀의 위치'와 '입술의 모양'이 있습니다. 혀의 위치는 입 안의 센입천장과 여린입천장을 기준으로 앞뒤로 나누고, 혀 앞쪽에서 소리가 나는 모음을 '전설 모음', 뒤쪽에서 나는 모음을 '후설 모음'으로 나눕니다. 그리고 혀의 높이 또한 기준이 되는데요. 우리말에서는 혀의 높이에 따라 '고모음, 중모음, 저모음'으로 나누고, 혀의 높이가 높을수록 입이 적게 벌어지고 높이가 낮을수록 입이 많이 벌어집니다. 실제로 발음해보면 차이를 확인할 수 있습니다. 마지막으로 입술을 동그랗게 만들어서 소리를 내는 것을 '원순 모음', 그렇지 않은 것을 '평순 모음'이라고 하는데요. 실제로 원순 모음인 'ㅟ, ㅚ, ㅜ, ㅗ'를 한번 발음해보면 입술이 동그랗게 되는 것을 확인할 수 있습니다. 이런 기준에 따라 아래 단모음 체계를 확인해봅시다.

단모음 체계표				
혀의 앞뒤	전설모음		후설모음	
입술 모양 혀의 높이	평순	원순	평순	원순
고모음	ㅣ	ㅟ	ㅡ	ㅜ
중모음	ㅔ	ㅚ	ㅓ	ㅗ
저모음	ㅐ		ㅏ	

[표] 단모음 체계

이제 이중 모음을 살펴봅시다. 먼저 이중 모음은 입술의 위치나 혀의 위치가 달라지는 모음으로 반모음과 단모음이 합해져서 발음되는 것입니다. 반모음이라는 것은 모음과 같이 발음하지만 음절을 이루지 못하는 아주 짧은 모음으로, 단모음과 결합해야만 발음이 가능합니다.

반모음 또한 두 가지로 나눌 수 있는데, 'ㅣ' 반모음(j계 반모음)과 'ㅗ/ㅜ' 반모음(w계 반모음)입니다. 반모음이 먼저 발음이 되며, 나중에 단모음이 발음되는 모음을 '상향 이중 모음'이라고 합니다. 반대로 단모음이 먼저 발음되고 나중에 반모음이 발음되는 것을 '하향 이중 모음'이라고 합니다. 현대 우리말에서는 'ㅢ'만 '하향 이중 모음'이고, 나머지 'ㅛ, ㅑ, ㅠ, ㅕ, ㅒ, ㅖ, ㅘ, ㅝ, ㅙ, ㅞ'는 모두 '상향 이중 모음'입니다. 일단 반모음이 오는 순서에 따라 이중 모음이 구분된다는 정도만 기억하면 좋을 듯합니다. 일단 여기까지가 중학교와 고등학교에서 볼 수 있는 음운에 대한 내용입니다.

우리가 알아야 할 것

- 단모음은 발음되는 '혀의 위치'와 '입술의 모양'에 따라 구분됩니다.
- 이중 모음은 반모음과 단모음이 결합해 발음되는 것입니다.
- 반모음은 'ㅣ' 반모음과 'ㅗ/ㅜ' 반모음으로 나뉘며, 단모음과 결합할 시에 각각 '하향 이중 모음'과 '상향 이중 모음'으로 나뉩니다.

【문제】 아래 〈보기〉에 해당하는 모음으로 적절한 것은?

〈보기〉

· 단모음이다.
· 발음할 때 입술을 둥글게 오므리는 모음이다.

① ㅣ   ② ㅔ   ③ ㅟ   ④ ㅡ   ⑤ ㅣ

✎＿ 이 문제는 모음의 체계를 알고 있다면 쉽게 풀 수 있습니다. 단모음 체계에서 분류 기준으로 삼는 '입술의 모양'에서 입술을 둥글게 오므리는 모음인 '원순 모음'에 대해 묻고 있네요. 여기에서는 아주 쉽게 'ㅗ, ㅜ, ㅟ, ㅚ' 중 하나인 ③번이 정답이 됩니다. 정말 모르겠다면 정확하게 혼자 소리를 내지 않고 발음하는 시늉만 해봐도 사실 정답을 알 수 있습니다.

영어 문법에만
품사가 있는 게 아니다

무슨 의미냐면요

단어를 이야기하려면 먼저 품사를 알아야 합니다. 대부분의 학생이 영어의 품사는 알지만, 우리말 품사는 알지 못하는 경우가 많습니다. 사실 우리말 품사를 알면 다른 외국어 습득에도 좋은데 말이죠. 여기에서는 우리말 품사의 특징과 분류에 대해 알아봅시다.

좀 더 설명하면 이렇습니다

형태

품사는 먼저 형태로 분류할 수 있습니다. 그 단어를 활용할 때 변하는지, 변하지 않는지를 기준으로 합니다. 그럼 '활용'은 무엇을 말하는 것인지 궁금하죠? 활용은 용언의 어간이나 서술격 조사에 변하는 말이 붙어 문장의 성격을 바꾸는 걸 말합니다. '용언'과 '어간'은 뭘까요? 용언은 동사와 형용사를 뜻하는 것이고, 어간은 동사와 형용사의 중심 뜻이 있는 부분입니다. 그 뒤에 붙어 형태를 변하게 하는 것을 '어미'라고 하고요. "먹다."에서 어간은 '먹–'이고 '어미'는 '–다'인 것이죠. 여기서 활용을 하면 '먹고' '먹어서' '먹으니' 이런 식으로 뒷말의 형태가 변하는 것입니다. 이게 형태에 따른 분류입니다. 물론 용언 외에도 서술격 조사인 '–이다' 또한 '이고' '이니' '이어서' 등으로 활용합니다.

기능

이제 기능적인 분류에 대해 알아보겠습니다. 먼저 '기능'은 한 단어가 문장 안에서 다른 단어들과 맺는 문법적인 관계를 말합니다. 좀 더 쉽게 설명하면, 문장 안에서 주로 하는 역할과 관련이 있습니다. 이건 개별 품사들을 살펴보며 좀 더 자세히 알아봅시다.

의미

의미적인 분류는 기능적으로 분류된 품사들이 그 안에서 어떤 의미인가에 따라 분류하는 것입니다.

체언

체언은 문장에서 주어 따위의 기능을 하는 '명사, 대명사, 수사'를 통틀어 이르는 말입니다. 물론 주어 외에도 목적어나 보어의 기능도 합니다.

주어는 서술어가 나타내는 동작이나 상태의 주체를 이르는 말로 "누가 밥을 먹다."에서 '누가'의 위치에 해당하는 말입니다. 목적어는 위 문장에서 '밥을'에 해당하고요. 보어는 "얼음이 물이 되다."에서 '물이'에 해당합니다. 주어, 목적어, 보어 등을 '문장 성분'이라고 하는데 이후에 자세히 다뤄보도록 하겠습니다. 그러면 이제 '명사, 대명사, 수사'에 대해 자세히 알아보도록 합시다.

① 명사

명사는 사람이나 사물의 이름을 나타내는 품사입니다. 이것은 개별적인 이름뿐만 아니라 사람이나 사물의 이름을 모두 포함합니다. 그러면 이런 명사에는 어떤 것들이 있을까요? 먼저 '고유명사'가 있습니다. 고유명사는 특정한 대상에만 붙습니다. 사람의 이름이나 특정한 지명 등입니다. 그리고 이런 고유명사는 둘 이상의 표현을 하는 것이 어렵습니다. "여러 제주도가 있다."나 "이순신 장군들이 온다." 등은 비유적인 표현을 하는 것이 아니라면 어색한 표현입니다. 이와 달리 '보통명사'는 어떤 대상이든 두루 쓰입니다.

그리고 '자립명사'와 '의존명사'를 들 수 있습니다. 대부분의 명사는 '제주도' '이순신'과 같이 개별적으로 의미를 가집니다. 하지만 의존명사는 의미가 형식적이어서 다른 말 아래에 기대어 쓰는 명사입니다. 예를 들어 반려동물 '개'는 보통명사이고 자립명사입니다. 그런데 수량을 셀 때 사용하는 '개'는 독립적인 의미를 파악할 수 있나요? 아니죠. 이렇게 꾸며주는 말과 함께 있어야 어떤 의미를 확인할 수 있는 명사를 의존명사라고 합니다.

② 대명사

대명사는 사람이나 사물의 이름을 대신 나타내는 말입니다. "나는 밥을 먹는다."라는 문장에서 '나'가 제 이름은 아니겠죠? '나'라는 것은 이 글을 적고 있는 사람을 대신해서 나타내는 말입니다. 또한 '나'라고 하는 문장을 쓰는 여러분 모두는 이름이 다 다르지만, 저 단어 하나로 여러분을 대신해서 나타낼 수 있죠. 이것을 대명사라고 합니다.

대명사는 사람을 나타내는 '인칭대명사'와 '지시대명사'로 나눌 수 있습니다. 인칭대명사는 1인칭, 2인칭, 3인칭으로 나눌 수 있고, 지시대명사는 사물과 장소를 표시하는 대명사로 나눌 수 있습니다.

③ 수사

수사는 말 그대로 사물의 수량이나 순서를 나타내는 말입니다. 보통 양을 표시하는 '양수사'와 순서를 알려주는 '서수사'로 나눌 수 있습니다. "나는 사과 하나를 샀다."에서의 '하나'는 수량을 나타내므로 양수사이고, "내가 우리 집 자식 중에 첫째다."에서의 '첫째'는 순서를 알려주기에 서수사입니다.

수사는 보통 '수관형사'와 형태가 비슷한 면이 많아 구별이 어려운 경우가 있습니다. 보통 체언 앞에서 체언을 꾸며주는 말이 수사면, 수관형사라고 보는 것이 구분할 수 있는 가장 좋은 방법입니다. "다섯 사람이

왔다."에서의 '다섯'은 뒤의 체언인 명사 '사람'을 꾸며주기에 수관형사가 되는 것이죠. 이 내용은 좀 어려울 수도 있습니다. 중학교 수준에서는 다루지 않으니 개념 정도만 알고 넘어갑시다.

용언

용언은 문장에서 서술어의 기능을 하는 동사, 형용사를 통틀어 이르는 말입니다. 앞에서도 잠깐 말했듯이 용언은 어미와 결합해 활용하고, 형태가 변하는 특징을 갖고 있습니다. 물론 서술격 조사도 활용하는 특성이 있죠. '동사'는 사물의 동작이나 작용을 나타내는 품사입니다. 그러므로 우리는 "쓰다." "읽다." "가다." 등 비교적 쉽게 알 수 있기도 합니다. 다만 "사랑하다."는 딱히 동작이나 작용 등의 움직임과 관련이 없는 듯합니다. 그러나 마음의 이동으로 생각하면 좀 이해하기 쉽습니다. '형용사'는 사람이나 사물의 성질이나 상태를 나타내는 품사입니다. 예를 들어 "나는 혼나서 슬프다."에서 '슬프다.'는 형용사입니다. 물론 "하늘이 맑다."에서 '맑다.' 같은 경우에도 형용사입니다. 그리고 서술격 조사 "이다." 또한 용언처럼 활용을 합니다. 다음으로 수식언을 살펴보도록 하죠.

수식언

수식언은 문장 안에서 다른 단어를 꾸며주는 역할을 합니다. '관형사'와 '부사'를 들 수 있습니다. 먼저 관형사는 보통 체언 앞에서 그 체언의 내용을 자세히 꾸며주는 품사를 말합니다. '헌 집' '이 집' '한 집'에서 '헌'

처럼 성질이나 상태를 분명히 해주거나, '이'처럼 지시 대상을 알려주기도 하고, '한'처럼 수량을 나타내기도 합니다. '새, 헌, 옛, 그, 저, 이런, 그런, 한, 두, 세' 등인데 생각보다 품사의 양이 많지 않습니다.

부사는 문장 안에서 보통 용언을 꾸며주는 역할을 하지만, 같은 품사인 부사나 관형사 심지어는 문장 전체를 꾸며주기도 합니다. 부사는 보통 특정 문장 성분을 수식하는 '성분 부사'와 부사 뒤에 오는 문장이나 절 전체를 수식하는 '문장 부사'로 나눌 수 있습니다.

여기서 성분 부사는 성질이나 상태를 나타내는 '성상 부사', 장소를 지시하는 '지시 부사', '안'이나 '못'처럼 부정문을 나타내는 '부정 부사'가 있습니다. 문장 전체를 꾸며주는 것으로 "과연 그가 거짓말을 했겠어?"에서 '과연', "만일 내가 열심히 책을 읽었다면 국어를 더 잘했을텐데."에서 '만일'이 '문장 부사'입니다. 그리고 문장과 문장을 이어주는 '접속 부사' 또한 문장 부사가 될 수 있습니다. "그는 밥을 먹었다. 그리고 집에 갔다."에서의 '그리고'가 여기에 속합니다. 이제 독립언에 대해서 알아보도록 합시다.

독립언

독립언에 해당하는 품사는 '감탄사'가 있습니다. 말 그대로 독립언은 문장에서 독립적으로 사용되어 그 자체로 다른 품사를 이용하지 않아도 뜻이나 의미를 전달할 수 있는 것입니다. 보통 감탄사는 '감정 감탄사, 의지 감탄사, 입버릇이나 더듬거림을 나타내는 감탄사'로 나눌 수 있습니다. "아, 너무 아름답다."에서 '아'처럼 감정 자체가 드러나는 경우, "네.

확인하겠습니다."의 '네'처럼 대답 등에서 의지가 드러나는 경우가 있습니다. '저…' '음…'과 같은 경우는 '입버릇이나 더듬거림을 나타내는 감탄사'입니다. 이제 마지막인 관계언에 대해 알아봅시다.

관계언

관계언은 문장에 쓰인 단어들의 관계를 나타내는 기능을 합니다. 보통 '조사'라고도 부릅니다. 조사는 관계를 알려주기도 하지만, 특정한 의미를 더해주는 경우도 있습니다. 조사는 매우 종류가 다양한 편인데요. 주어임을 알려주는 '주격 조사', 보어임을 알려주는 '보격 조사', 이외에도 '목적격 조사, 서술격 조사, 관형격 조사, 부사격 조사, 호격 조사' 등 문장 안에서 다양한 관계를 나타냅니다. 앞에서 말했던 특정한 의미를 더해주는 '보조사'도 있고, 체언을 같은 자격으로 연결시키는 '접속 조사'도 있습니다. 개별적인 예는 오른쪽 표를 통해 확인할 수 있으며, 이후에 배우는 문장 성분을 통해 '격 조사'가 어떻게 사용되는지 배워봅시다.

여기까지의 내용은 중학교 교과서에서 다루는 내용보다 좀 더 자세히 다뤘습니다. 이 정도를 이해할 수 있다면, 고등학교에 나오는 문법의 내용을 이해하는 것도 어렵지 않을 것입니다. 이제 단어가 어떻게 만들어지는지, 분류는 어떻게 할 수 있는지에 대해 알아보도록 합시다.

형태	기능	품사	용례
불변어	체언	명사	태양이, 사람이
		대명사	그대는, 그는
		수사	셋째가, 하나가
	수식언	관형사	새 시대, 헌 집
		부사	대단히 감사합니다, 매우 좋습니다
	독립언	감탄사	어렵쇼!, 네!
	관계언	조사	하늘이/도, 사랑은
가변어		서술격 조사	인생이다, 사랑이다
	용언	동사	사랑하다, 먹다
		형용사	바쁘다, 예쁘다

[표] 한국어의 품사 분류

격 조사	앞말이 다른 말에 대해 갖는 일정한 자격을 나타내는 조사
	주격 조사: 이/가, 께서, 에서 / **서술격 조사**: 이다
	보격 조사: 이/가 / **목적격 조사**: 을/를
	관형격 조사: 의 / **호격 조사**: 아/야, 이여/이시여
	부사격 조사: 에, 에서, (으)로, 와/과, 보다 등
접속 조사	와/과, 하고, (이)랑 등
보조사	은/는, 만, 도, 조차, 부터, 까지, 이나/나

[표] 조사의 종류

🎓 우리가 알아야 할 것

- 품사는 형태 변화의 유무를 기준으로 '불변어'와 '가변어'로 나뉩니다.

- 기능의 차이를 기준으로는 '체언, 수식언, 독립언, 관계언, 용언'으로 나뉩니다.

- 개별 품사의 의미를 기준으로는 '명사, 대명사, 수사, 관형사, 부사, 감탄사, 조사, 동사, 형용사'로 나뉩니다.

단어는 같은 방법으로만
만들어지지 않는다

무슨 의미냐면요

단어가 어떻게 만들어지는지 알면, 어떻게 분류되는 것인지도 알 수 있습니다. 우리말에서 단어는 개별적인 품사만을 말하는 게 아닙니다. 『표준국어대사전』에서는 단어를 "분리해 자립적으로 쓸 수 있는 말이나 이에 준하는 말, 또는 그 말의 뒤에 붙어서 문법적 기능을 나타내는 말" 이라고 정의하고 있습니다. 여기서 "그 말의 뒤에 붙어서 문법적 기능을 나타내는 말"이란 앞서 살펴본 조사에 해당합니다. '것'은 단어가 아닌 것 처럼 보이지만, 품사가 명사이므로 단어에 해당합니다. 그럼, 단어가 어떻게 형성되는지 확인해봅시다.

좀 더 설명하면 이렇습니다

단일어

　단일어는 하나의 어근으로 된 말입니다. 그렇다면 어근이 무엇인지 먼저 알아야겠죠? 어근은 형태소 중 하나입니다. 형태소는 뜻을 가진 작은 말의 단위를 말하는데요. 두 가지로 나눕니다. '실질 형태소'와 '형식 형태소'죠. 실질 형태소는 실질적으로 구체적인 의미를 가지는 형태소를 말합니다. 형식 형태소와 대비되는 개념이죠. 형식 형태소는 실질적인 의미를 가지지 않는 "집에 가는 중이다."에서 '에, 는, 이다.' 따위를 말합니다. 여기에서 실질 형태소에 어근이 포함되는 것입니다. 보통 단어를 만들 때는 어근끼리 결합하거나 어근과 접사 등이 결합하는 유형이 많습니다.

복합어

　복합어는 기본적으로 형태소가 둘 이상 결합되어 만들어진 말입니다. 복합어는 두 가지로 나눌 수 있습니다. 실질 형태소나 어근에 접두사나 접미사가 붙어 만들어진 '파생어'와 둘 이상의 실질 형태소나 어근이 합해져서 만들어진 '합성어'입니다.

　파생어는 '풋고추, 알부자, 맨몸'에서 '풋, 알, 맨'의 접두사가 결합된 경우와 '멋쟁이, 웃음, 지우개'에서 '쟁이, 음, 개'의 접미사가 결합된 경우가 있습니다. 물론 명사뿐 아니라 다른 접미사가 붙어 형용사가 되기도 하고, 동사가 되기도 합니다. 예를 들어 "건강하다." "가득하다."에서 '-하' 접미사가 붙어 형용사가 되는 경우나 "사랑하다." "공부하다."에서 '-하'

접미사가 붙어 동사가 되는 경우입니다.

합성어도 다양하게 '명사와 명사'가 결합하거나 '관형사와 명사' '부사와 명사' 등이 결합되는 모습을 볼 수 있습니다. 예를 들어 '고무신, 새언니, 살짝곰보'와 같은 것이 있습니다. 이것 말고도 더 많은 파생이나 합성 방식이 있지만, 중학교 수준에서는 위 내용 정도로 충분할 것이라고 생각합니다.

🎓 우리가 알아야 할 것

- 단어는 자립적으로 쓰이는 말뿐 아니라 의존적인 조사도 포함됩니다.
- '단일어'는 하나의 어근으로 구성되어 있으며, '복합어'는 둘 이상의 형태소가 결합됩니다.
- 복합어는 형태소 혹은 어근과 접사의 결합인 '파생어'와 둘 이상의 실질 형태소나 어근이 합해져서 만들어진 '합성어'로 구분됩니다.

【문제】아래 보기에 대한 품사를 고르면?

— 〈보기〉 —

· 형태가 변하지 않는다.
· 주로 용언을 꾸며주는 역할을 한다.

① 헌 집을 보니 슬프다.
② 차가운 시선이 느껴진다.
③ 친구들이 밥을 먹고 있다.
④ 사람들은 요즘 배달 음식을 좋아한다.
⑤ 그가 급한 상황이니 곧 갈 것이라 생각한다.

　　　 이 문제는 우리가 배운 품사 분류를 알면 쉽게 풀 수 있습니다. 먼저 형태가 변하지 않는다고 했으니 용언이나 서술격 조사를 제외해야겠죠. 그리고 주로 용언을 꾸며주는 역할을 한다고 했으니 바로 '부사'인 걸 알 수 있습니다. 이제 그러면 용언을 꾸며주는 걸 찾아봅시다. '헌'은 관형사로 명사 '집'을, '차가운'은 형용사의 관형사형으로 명사 '시선'을 꾸며주고 있습니다. '먹고'는 '있다'를 꾸며주는 것이라고 본다면, 형태가 변하지 않는 것을 확인해야 합니다. 하지만 '먹고, 먹어서, 먹다'에서 볼 수 있듯 형태가 변하므로 정답이 아닙니다. 그리고 다른 방면으로 봐도 '먹고 있다.'는 본용언과 보조 용언의 관계로 하나의 서술어로 처리되기에 답이 될 수 없습니다. '음식'은 그냥 명사이고, '곧'은 뒤의 동사인 '가다'의 활용형 '갈'을 꾸며주고 있어서 정답은 ⑤번이 됩니다.

문장 안에서 역할이
있는 문장 성분

무슨 의미냐면요

주어와 서술어 등 문장 성분에 대한 설명은 이미 앞에서 했지만, 여기에서는 좀 더 자세히 설명해보려고 합니다. 문장 성분은 문장에서 특정한 기능을 하는 단위를 말하는 것입니다. 아래에서 좀 더 자세히 확인해보도록 합시다.

좀 더 설명하면 이렇습니다

주어

주어는 문장에서 주체가 되는 말입니다. 서술어가 나타내는 동작이나 상태의 주체가 되죠. 문장에서 주격 조사(은, 는, 이, 가)가 붙어 있다면 주어라고 보면 됩니다. 그리고 높임의 대상에 붙는 '께서'나 단체를 나타내는 명사 뒤에 붙는 '에서'를 통해서도 주어를 확인할 수 있습니다.

목적어

목적어는 목적격 조사 '을/를'이 결합된 형태로 쉽게 찾아볼 수 있습니다. 서술어의 행동이나 '작용의 대상' 혹은 목적, 결과를 나타내는 것이 일반적입니다. 여기서 '작용의 대상'이란 말이 어려울 수 있는데요. 어떤 영향을 미치는 것을 '작용'이라고 합니다. 예를 들어 "순희는 엄마를 닮았다."라는 문장에서 '엄마'는 '닮다'의 '작용의 대상'입니다.

보어

보어는 학교에서 많이 다루는 문장 성분은 아닙니다. 예를 들어 '되다.' '아니다.' 바로 앞의 필수 성분을 보어라고 규정하고 있거든요. "그 사람이 장관이 되었다." "고래는 물고기가 아니다."라는 문장에서 보어는 '장관' '물고기'가 되는 것이죠. 여기에서 보면 '이/가'의 주격 조사가 사용되는 걸 확인할 수 있습니다. 그리고 위의 문장에서 '장관이' '물고기가'를 빼면 문장이 성립되지 않는 것을 볼 수 있습니다. 이걸 통해 보어가 문장의 필수적인 성분임을 확인할 수 있습니다. 크게 사용되는 예가 많지 않아 바로 서술어로 넘어가겠습니다.

서술어

서술어는 한 문장에서 주어의 움직임, 상태, 성질 따위를 설명해주는 말입니다. 예를 들어 "무엇이 어찌하다." "무엇이 어떠하다." "무엇이 무엇이다." 등에서 '어찌하다.' '어떠하다.' '무엇이다.'에 해당하는 것이 서술어입니다. 여러분이 보는 대부분의 문장은 서술어가 없으면 뜻을 파악하기 어려울 겁니다. 그렇기 때문에 서술어는 필수적인 성분인 것이죠.

여기에서 여러분이 추가적으로 알아야 할 건 '본용언'과 '보조용언'입니다. 쉽게 말하면 둘 이상의 용언이 결합해 이루어지는 것인데요. 이것 또한 하나의 서술어로 보고 있습니다. "나는 빵을 먹고 싶다."에서 '먹고 싶다.' 전체를 서술어로 볼 수 있습니다. 보조용언은 본용언과 연결되어 그것의 뜻을 보충하는 역할을 하는 용언이기 때문이죠. 따라서 이 경우에는 보통 서술어가 하나인 것으로 봅니다. "밥을 먹어 버리다." "음악을 듣고 있다."의 예시를 보더라도 '먹어' '듣고'를 생략하면 본용언이 있을 때의 뜻과 전혀 달라지죠?

이렇게 네 가지의 성분은 문장에서 특정 상황에서 생략이 가능한 경우가 아니라면 필수적으로 있어야 합니다. 그래서 '주성분'이라고도 합니다. 이제 주성분이 아닌 성분들에 대해서도 알아보도록 합시다.

관형어

관형어는 체언을 수식하는 성분입니다. 우리가 이전 단어에서 배운 관형사 또한 그대로 관형어가 될 수 있습니다. 그런데 관형사만 관형어가 되는 것은 아닙니다. '동생 물건을'에서의 '동생'처럼 체언이 그대로 체언을 꾸며주는 경우도 관형어가 될 수 있습니다. 그리고 '할아버지의 말씀'처럼 관형격 조사 '의'가 결합한 것도 관형어가 되죠. '넓은 바다'에서는 용언 '넓다'에 관형사형 어미 중 하나인 '-은'이 결합해 관형어가 되었습니다. 나중에 언급하겠지만 관형사절 또한 관형어가 될 수 있습니다.

부사어

부사어는 주로 용언의 내용을 꾸며주는 경우가 많지만, 관형어나 같은 부사어, 더 크게는 절 전체를 꾸며줍니다. '절'은 주어와 서술어가 있지만 독립해 쓰이지 못하고, 다른 문장의 한 성분으로 쓰이는 단위를 말합니다. 간단하게 부사어는 단어 이상의 단위도 수식하는 것이라고 생각하면 됩니다. 또한 문장과 문장을 접속해주는 부사어도 있습니다. 이제 마지막으로 독립어를 살펴봅시다.

독립어

독립어는 문장의 다른 성분과 밀접한 관계없이 독립적으로 쓰이는 말입니다. "할머니, 어서 오세요." "영숙아, 밥 먹자."에서 호격어인 '할머니' '영숙아'도 독립어가 됩니다. 단, '영숙아'는 호격 조사가 결합된 호격어입니다. 호격어는 말하는 사람이 듣는 사람을 부르는 말이죠. 더 설명할 내용이 있지만 이 정도까지만 봐도 중학교, 고등학교 수준에서는 충분할 듯합니다.

문제 엿보기

【문제】 문장 성분을 직접 분석해 적어보시오.

> ㉠형이 ㉡고등학생이 ㉢되자, ㉣아버지는 ㉤굉장히 즐거워하셨다.

✎＿ 실제 문제에서는 위 문장과 유사한 내용을 문장 성분으로 구분할 수 있는지에 대해 물을 수 있습니다. ㉠은 문장에서 주체가 되는 것으로 주격 조사인 '이/가/께서/에서'가 '형'에 붙어 문장 성분이 주어입니다. ㉡은 '되다/아니다' 앞에 나온 보격 조사 '이/가'와 결합한 단어는 문장 성분이 보어입니다. 그래서 ㉡은 보어입니다. ㉢은 '되다'에 어미가 붙은 것으로 원형이 '되다'이기 때문에 문장 성분은 서술어입니다. ㉣은 주어로 처리되지만 '-는'은 주격 조사가 아니라 아버지가 화제임을 나타내는 보조사가 붙은 것입니다. '-은/는'이 주격 조사가 아니라 보조사인 것을 기억하기 바랍니다. 그리고 헷갈릴 때는 '아버지는'을 일반적인 주격 조사와 결합한 '아버지가'로 바꿔보면 다른 의미가 더해진 것을 확인할 수 있을 것입니다. ㉤은 뒤의 '즐거워하셨다'라는 서술어를 꾸미는 역할을 하기 때문에 문장 성분이 부사어입니다.

우리가 보는 문장은 생각보다 복잡한 구조로 되어 있다

무슨 의미냐면요

우리가 앞서 문장 성분을 배운 건 사실 이제부터 나오는 문장의 구조에 대해 살펴보기 위해서입니다. 문장의 구조를 살펴보기 위한 기초 공사를 했다고 보면 되죠. 우리가 보는 문장은 크게 주어와 서술어의 관계가 몇 번 나타나는가를 기준으로 나눌 수 있습니다. "나는 라면을 먹었다."처럼 주어 '나는'과 서술어 '먹었다.'가 한 번 나오는 문장은 '홑문장'이라고 합니다. 그리고 "나는 라면을 먹었고, 경주는 볶음밥을 먹었다."처럼 '나'와 '경주', '먹었고' '먹었다'처럼 주어와 서술어가 두 번 나타나는 문장이 '겹문장'입니다. 겹문장은 다시 아래와 같이 나눌 수 있습니다.

좀 더 설명하면 이렇습니다

이어진문장

이어진문장은 말 그대로 두 문장이 이어진 걸 말합니다. 여기에서는 두 문장의 관계에 따라 두 가지로 나눌 수 있습니다. 바로 '대등하게 이어진문장'과 '종속적으로 이어진문장'입니다. 그렇다면 여기에서 대등하다는 것은 무엇을 말하는 것일까요? 대등하다는 것은 어느 한쪽에 의존적이지 않은 것을 말합니다. "어제는 추웠고, 오늘은 더웠다."의 문장에서처럼 두 문장에서 한 문장을 없애거나, 순서를 바꾼다고 해도 어색하지 않습니다. 하지만 "어제는 너무 추워서 사람들이 옷을 두껍게 입었다."라는 문장에서는 순서를 바꾸면 어색해집니다. 이런 문장을 '종속적으로 이어진문장'이라고 합니다.

그리고 대등하게 이어질 때 사용하는 어미는 나열할 때 쓰는 '-고, -(으)며'가 있으며, 대조할 때 쓰는 '-지만, -(으)나', 선택할 때 쓰는 '-거나, -든지' 등이 있습니다. 반면 종속적인 연결 어미는 원인의 '-아서/어서, -(으)니', 조건의 '-(으)면, -거든', 목적이나 의도의 '-(으)러, -(으)려고' 등이 있습니다.

안은문장

'안은문장'은 하나의 홑문장이 다른 문장(절)을 문장 성분으로 갖고 있는 것을 말합니다. 다른 문장이 문장 성분으로 안겨 있는 형태인 것이죠. 보통 명사절, 관형사절, 부사절에 어미가 붙어 하나의 문장이 됩니다. 그리고 이

명사절, 관형사절, 부사절이 체언, 관형어, 부사어의 역할을 합니다. 좀 더 자세한 내용과 함께 '안은문장'의 종류를 하나씩 살펴보도록 합시다.

① 명사절을 안은문장

명사절은 주어나 목적어 등의 역할을 하는 문장이 명사처럼 쓰이는 것을 말합니다. 가장 보편적으로는 '－(으)ㅁ, －기'가 결합되어 쓰이는 경우가 많습니다. 예를 들어 "우리는 그가 식탐이 많음을 알고 있다."에서 '－음'이 결합되어 명사절을 이뤘습니다. "어부는 고기가 많이 잡히기를 바란다."에서 '－기'가 결합된 경우도 확인할 수 있습니다.

② 관형사절을 안은문장

관형사절은 문장이 관형사화되어 문장에서 관형어 역할을 하는 절을 말합니다. 보통 관형사절은 관형사형 어미 '－(으)ㄴ, －는, －(으)ㄹ, －던'에 의해 만들어집니다. 당연히 역할은 관형어이니 체언을 꾸며줍니다.

"이것은 내가 읽은 책이다."를 보면 "이것은 책이다."에서 '책'을 꾸며주는 말로 "내가 책을 읽다."가 관형사형 어미 '－(은)ㄴ'이 붙어 꾸며주는 문장으로 바뀌었습니다. 다른 문장도 하나 살펴봅시다. "이순신 장군이 만든 거북선은 세계 최초의 철갑선입니다."에서 '거북선'을 꾸며주는 문장은 "이순신 장군이 거북선을 만들었다."라는 문장입니다. 이 문장에 '－는'이 붙어 관형어로 바뀐 것이죠.

③ 부사절을 안은문장

부사절은 한 문장이 부사화되어 부사어 역할을 하는 문장을 말합니다. 부사절을 만드는 어미는 '−이, −게, −도록, −듯⁽이⁾, −⁽으⁾ㄹ수록' 등이 있습니다. 일단 예를 살펴보도록 합시다. "꽃이 아름답게 피었다."에서는 사실 주어가 하나인 듯 보여도 동일한 주어이기에 생략된 것입니다. "꽃이 피었다."와 "꽃이 아름답다." 두 문장이 하나가 될 때 부사형 어미인 '−게'가 붙은 것이죠. 다른 예를 하나 더 들어볼게요. "우리는 돈 없이 일주일을 더 견뎌야 합니다."를 봅시다. "우리는 일주일을 더 견뎌야 합니다."라는 문장과 "우리는 돈이 없다."의 문장이 부사형 어미 '−이'에 의해 합해진 것입니다.

④ 인용절을 안은문장

인용절은 다른 사람의 말이나 글을 그대로 가져올 때, 인용의 부사격 조사나 어미가 붙은 것입니다. 인용의 부사격 조사는 직접 인용의 '−⁽이⁾라고'나 간접 인용의 '−고'가 대표적입니다. "경주가 나에게 빵을 사러 가자고 말했다."와 '경주가 나에게 "빵 사러 가자"라고 말했다.'를 봅시다. 첫째 문장은 대화 내용에 '−고'를 붙여 간접적으로 인용했습니다. 그래서 큰 따옴표나 작은 따옴표가 나타나지 않는 것이죠. 반면 둘째 문장은 대화문을 그대로 가져왔습니다. 그래서 '−라고'가 붙으며 대화를 나타내는 큰 따옴표가 나온 것입니다.

⑤ 서술절을 안은문장

서술절은 문장에서 서술어 역할을 하는 절을 말합니다. 그리고 이 서술절을 포함하는 문장을 '서술절을 안은 문장'이라고 합니다. 보통 서술절은 주어가 두 번 보이고, 서술어가 한 번 보이는 것으로 확인할 수 있습니다. 일단 예를 들어보죠. "민수는 키가 크다." "서울은 인구가 매우 많다."를 보면 주어는 두 개인데, 서술어는 하나입니다. 그리고 "키가 크다."와 "인구가 많다." 전체가 서술어의 역할을 하고 있습니다. 왜냐하면 "민수는 크다."라는 문장을 만들면 "키가 크다."라는 의미 자체를 정확하게 포함하지 않기 때문이죠. 뒤의 문장도 "서울은 매우 많다."라고 하면 어색합니다.

🎓 우리가 알아야 할 것

- 문장은 주어와 서술어의 관계 횟수에 따라 '홑문장'과 '겹문장'으로 나뉩니다.
- 주어와 서술어의 관계가 두 번 이상 나타나는 '겹문장'은 홑문장이 서로 이어져 있는 '이어진문장'과 하나의 절이 다른 문장 속에 성분으로 안겨 있는 '안은문장'으로 나뉩니다.

우리말의 어휘는
어떻게 구분할까?

무슨 의미냐면요

어휘는 개별적인 단어를 말하는 게 아닙니다. 어떤 기준에 의해 묶을 수 있는 단어들의 집합을 말하는 것이죠. 보통 교과서에서는 어휘 체계를 구분하고 있습니다. 단어의 기원인 '어종'에 따라 구분하고 있죠. 우리말은 보통 '고유어, 한자어, 외래어'를 중심으로 구분합니다. 고유어가 25%, 한자어가 58.5%, 외래어 4.7%, 기타(혼합 형태) 10.9%로 나타납니다. 생각보다 우리말에서 한자어가 차지하는 비중이 높죠? 이제 각 어휘별 특징을 살펴보겠습니다.

좀 더 설명하면 이렇습니다

고유어

고유어는 예전부터 있던 말이나, 그것을 바탕으로 새로 만들어진 말입니다. 몇 가지 특징을 확인해봅시다.

> ㉠ 고유어에는 일상적인 언어생활에 쓰이는 기초 어휘가 많다.
>
> ㉡ 고유어는 조사나 어미처럼 문법적인 기능을 하는 단어가 많다.
>
> ㉢ 고유어에는 의성어나 의태어, 색채어 등이 발달해 있다.

'잠'은 기초 어휘입니다. 우리가 평소 한자어 '취침'이나 '수면'이라는 어휘보다 '잠'을 더 많이 사용하죠. 이렇듯 일상적인 언어생활에서는 고유어가 많이 보입니다. 그리고 '이/가, 을/를, 에서/부터/까지, −다, −(으)면' 등 문장에서 문법적인 관계를 나타내는 조사나 어미는 모두 '고유어'가 사용됩니다. 그리고 '이/가, 을/를, 에서/부터/까지, −다, −(으)면' 등 문장에서 문법적인 관계를 나타내는 조사나 어미는 모두 '고유어'가 사용됩니다.

마지막으로 고유어에는 '의성어, 의태어, 색채어' 등이 발달해 있습니다. '붉다.'라는 색채어는 '새빨갛다.' '빨갛다.' '발갛다.' '시뻘겋다.' '뻘겋다.' '벌겋다.' '발그스름하다.' '벌그스름하다.' 등으로 다양하게 나타날 수 있습니다. 다른 색채인 '파랗다.'를 떠올려봐도 위와 같이 바꿀 수 있죠.

한자어

한자어는 말 그대로 한자에 기초해 만들어진 말입니다. 우리말에는 많은 양의 한자어가 포함되어 있습니다. 한자어는 중국의 한문에서 왔지만, 발음이 중국어와 다르고 한국 한자음으로 발음합니다. 그래서 우리말에 동화된 것으로 우리말 어휘에 속합니다. 이제 특징을 확인해봅시다.

ⓐ 기초 어휘로도 쓰이지만 학술 용어나 전문 용어 등으로 많이 쓰인다.

ⓑ 고유어에 비해 단일한 의미를 가지는 경우가 많아 고유어 한 단어에 여러 개의 한자어가 대응되기도 한다.

ⓒ 단어 형성에 제약이 적어 비교적 자유롭게 단어 형성에 참여한다.

한자어는 고유어 하나에 여러 개가 대응되기도 합니다. 그리고 한자가 각각 의미를 지니고 있어 단어 형성에 제약도 적습니다. 학술 용어와 전문 용어를 만드는 것이 쉬워 많이 쓰이게 되는 것이죠.

외래어

마지막으로 외래어에 대해 살펴보겠습니다. 외래어는 쉽게 말해 외국에서 들어온 말입니다. 그런데 현재 국어에서도 널리 쓰이게 된 것이죠. '버스' '컴퓨터'처럼 우리말에서 다른 대체 어휘도 없고, 대중들이 국어 단어처럼 쓰는 말입니다. 그래서 외국어 어휘와는 구별됩니다. 외국어 어휘가 외래어가 되기 위해서는 대중들이 많이 쓰면서 인정을 받아야 합니다. 외래어는 영어를 비롯해 독일어, 프랑스어, 러시아어, 몽골어, 일본어 등 다양합니다. 이제 특징을 확인해봅시다.

> ㉠ 한자어와 마찬가지로 학술 용어나 전문 용어로 많이 쓰이며, 인터넷 공간과 같은 특정한 영역에서 많이 쓰인다.
>
> ㉡ 최근 인터넷을 중심으로 급격하게 증가하고 있으며, 다양한 신조어 형성에 관여한다.
>
> ㉢ '로켓' '라디오'처럼 'ㄹ'이 어두에 오는 등 고유어와 다른 단어 구조를 가지기도 한다.

앞에서 볼 수 있듯 외래어는 학술 용어와 전문 용어가 많습니다. 특히 최근에는 젊은 세대가 많이 만들어 사용합니다. 요즘에는 외래어가 많이 생겨나 국립국어원에서 언어 순화를 위해 노력하고 있습니다.

🎓 우리가 알아야 할 것

- 고유어는 우리가 예전부터 쓰던 말이나 그것을 바탕으로 새로 만들어진 말입니다.
- 한자어는 한자를 기초로 만들어졌지만 우리말에 동화된 것으로, 우리말 어휘에 속합니다.
- 외래어는 외국에서 들어왔지만, 우리말에서 자주 쓰이고 대체하기 힘든 말입니다.

어휘가 환경에 따라 다르게 쓰일 때

무슨 의미냐면요

앞서 어휘를 어종에 따라 세 가지로 구별했습니다. 그런데 어휘는 지역이나 사회적 원인 등에 따라 변하기도 합니다. 대표적으로 '지역 방언'과 '사회 방언'이 있습니다.

좀 더 설명하면 이렇습니다

지역 방언

지역 방언은 우리가 잘 아는 '사투리'라고 생각하면 됩니다. '부엌'이라는 단어는 '정지, 부억, 정제, 정재, 벅, 바당, 벡' 등으로 지역마다 다르게 부르고 있습니다. 이런 지역 방언은 같은 지역 사람들끼리의 유대감과 친근감을 나타내기도 합니다. 문학작품 등에서는 문학적 가치를 높여주기도 하죠. 그리고 표준어에서 사라진 말이 남아 있어 국어 연구를 위한 귀중한 자료가 되기도 합니다.

사회 방언

사회 방언은 세대나 직업, 성별 등 사회적 요인에 따라 다르게 쓰이는 말입니다. 젊은 세대는 새로운 신조어나 유행어, 줄임말을 많이 씁니다. 그리고 중년이나 노년 세대는 한자어를 많이 쓰죠. 그리고 전문어는 해당 직종에 있는 사람이나 전문 분야에서 많이 쓰입니다.

이것 말고 교과서 밖에서는 추가적으로 상황에 따른 어휘도 나오고 있습니다. 예를 들어 다른 사람을 높이는 '공대말'과 말하는 사람을 낮추는 '겸사말', 특정 사회 집단의 비밀 유지를 위한 '은어'와 친한 사람과 자유롭게 사용하는 것으로 비속하고 천박한 어감을 주는 '속어', 두렵거나 불쾌하다고 여기는 '금기어'나 이런 금기어 대신 불쾌함이 덜한 말로 대신해 쓰는 '완곡어' 등입니다. 마지막으로 우리말에는 둘 이상의 단어가 결합해 특별한 의미로 쓰이는 '관용 표현'이 있습니다. 예를 들어 "손이 크다."가 있죠. 이 말은 정말 신체의 일부가 크다는 것이 아니라 씀씀이가 크다는 말입니다.

🎓 우리가 알아야 할 것

- 어휘는 지역이나 사회적 원인 등에 따라 '지역 방언'과 '사회 방언'으로 나타나기도 합니다.
- 지역 방언과 사회 방언 외에도 '공대말, 겸사말, 은어, 속어, 금기어, 완곡어, 관용 표현' 등도 있습니다.

【문제】다음 밑줄 친 부분의 예로 적절하지 <u>않은</u> 것은?

〈탐구 과제〉

관용 표현은 둘 이상의 낱말이 합쳐져 원래의 뜻과 다른
특별한 뜻을 나타내는 관습적인 말입니다.
<u>신체 부위와 관련한 관용 표현</u>에는 무엇이 있을까요?

---

① 아이가 <u>눈이 작아서</u> 귀엽다.
② 그는 <u>귀가 얇아서</u> 남의 말을 잘 믿는다.
③ 이야기가 재밌어서 <u>배꼽 빠지게</u> 웃었다.
④ 그는 인간관계가 <u>좋아서 발이 넓다</u>.

✎＿ 관용 표현은 우리가 일반적인 문장에서 쓰는 말이 아닙니다. 이걸 생
각하고 선택지를 봅시다. ①번은 실제 눈이 작은 아이가 귀엽다는 것을 표현했
기에 관용 표현이 아니라는 걸 바로 알 수 있죠? 그래서 ①번이 정답이 됩니
다. ②, ③, ④는 모두 단어 본래의 의미와는 다른 것을 알 수 있습니다. 이렇게
관용 표현을 묻는 문제에서는 개별적인 관용 어구의 쓰임을 묻는 경우가 많습
니다. 문장에 대한 대략적인 해석만 가능하다면 그리 어렵지 않으니 평소에 사
전 등을 통해 모르는 단어나 뜻에 대해 학습을 꾸준히 하면 좋을 것입니다.

어휘끼리도 여러 관계를 맺고 있다

무슨 의미냐면요

이 내용은 교과서마다 다루지 않는 경우도 있습니다. 그러나 국가수준 학업성취도 평가에 꾸준히 등장하는 내용이라 어느 정도는 배우는 게 좋을 듯합니다. 이런 의미에서 '동의 관계(유의 관계), 반의 관계, 상하 관계' 살펴봅시다.

좀 더 설명하면 이렇습니다

먼저 동의 관계(유의 관계)는 서로 다른 단어가 같거나 매우 비슷한 의미를 갖는 것을 말합니다. 동의 관계에 있는 단어들을 '동의어'라고 하는데, '근심, 걱정, 시름'과 같이 그 의미가 비슷한 단어의 관계를 생각하면 됩니다.

다음으로 반의 관계가 있습니다. 반의 관계는 '반의어'끼리의 관계를 말합니다. 반의 관계에 있는 두 단어는 오직 한 개의 의미 요소만 다르고 나머지 의미 요소들은 모두 같습니다. 예를 들어 남자와 여자는 '성별'이라는 점에서만 다릅니다. 그리고 '오다' '가다'도 '이동 방향'이라는 점에서만 대립을 보입니다.

마지막으로 상하 관계가 있습니다. 상하 관계는 어떤 단어가 다른 단어의 의미를 포함하는 관계를 말합니다. 그중에서 포괄적이고 넓은 의미를 지니는 것을 상위어(상의어), 개별적이고 좁은 의미를 지니는 것을 하위어(하의어)라고 합니다. 예를 들어 '제비, 조류, 동물, 생물'이라는 단어를 보면 '제비'는 '조류, 동물, 생물'의 하위어이며, '조류, 동물, 생물'은 '제비'의 상위어가 됩니다.

🎓 우리가 알아야 할 것

- 동의 관계(유의 관계)는 서로 다른 단어가 매우 비슷한 의미를 갖는 경우를 말합니다.
- 반의 관계는 오직 한 개의 의미 요소만 다른 반의어끼리의 관계를 말합니다.
- 상하 관계는 어떤 단어가 다른 단어의 의미를 포함하는 것을 말합니다. 포괄적인 '상위어'와 개별적인 '하위어'로 나뉩니다.

한글의 창제
원리를 알아보자

무슨 의미냐면요

한글의 창제 원리는 우리가 배웠던 '음운, 단어, 문장'의 기초가 되는 부분입니다. 이 부분을 보면 현재 우리가 쓰고 있는 국어와 문법 체계를 정리할 수 있습니다. 사실 이 부분은 현재와 다른 부분도 있고 형태도 다릅니다. 이 때문에 중학교 수준에서는 교과서에 간단하게 나와 있습니다.

좀 더 설명하면 이렇습니다

자음

먼저 자음의 기본자인 5글자에 대해 알아봅시다. 자음의 기본 글자는 발음 기관의 모양 또는 그 움직임을 본떠서 만들었습니다. 기본적으로 혀뿌리가 목구멍을 막는 모양을 본뜬 어금닛소리 'ㄱ', 혀가 윗잇몸에 닿는 모양을 본뜬 혓소리 'ㄴ', 입의 모양을 본뜬 입술소리 'ㅁ', 이의 모양을 본뜬 잇소리 'ㅅ', 목구멍의 모양은 본뜬 목구멍소리 'ㅇ'이 있습니다. 이런 글자는 어떤 모양을 본뜬 소리이며, '상형의 원리'라고 부릅니다. 이 자음 다섯 자를 학생들이 헷갈려 해서 저는 '감나무사요!'라고 외우게 했던 기억이 납니다. 여러분도 참고하면 좋겠죠?

이제 이 기본자에 소리의 세기에 따라 획을 더하는 '가획의 원리'로 만든 '가획자'가 있습니다. 'ㅋ'은 'ㄱ'에 비해 소리가 더 세기 때문에 여기에 획을 더한 것입니다. 이런 방식을 통해 'ㄴ'에서 'ㄷ, ㅌ' 등이 나타난 것입니다. 가획자 이외에도 획을 더한 '이체자'가 있습니다. 이체자는 획을 더했지만, 소릿값이 기본자에서 세진 것은 아닙니다. 이체자는 'ㅿ, ㆁ, ㄹ' 등이 있습니다. 그리고 여기에 'ㄲ, ㄸ, ㅃ, ㅆ, ㅉ, ㆅ'와 같이 이미 있는 글자를 가로로 나란히 썼다고 하여 '병서의 원리'에 따라 만들어진 '병서자'가 있습니다. 이 중에서 현재 'ㆅ'은 쓰이지 않는 글자입니다. 앞에서 언급한 이체자 중에서 옛이응이라 불리는 'ㆁ'과 반치음이라고 하는 'ㅿ', 가획자에서 여린히읗이라고 하는 'ㆆ'도 쓰이지 않습니다.

모음

이제 모음을 알아보도록 합시다. 모음 기본자도 자음처럼 '상형의 원리'에 따라 만들어졌습니다. 먼저 하늘의 모양을 본뜬 'ㆍ', 땅의 모양을 본뜬 'ㅡ', 사람이 서 있는 모양을 본뜬 'ㅣ'가 있습니다. 이제 여기에서 자음자와 다른 용어가 나타납니다. 바로 '합성의 원리'입니다. 합성의 원리는 모음 기본자끼리 결합해 새로운 모음자를 만드는 것입니다. 한 번 합하거나, 두 번 합해 만든 'ㅏ, ㅑ, ㅓ, ㅕ, ㅗ, ㅛ, ㅜ, ㅠ'가 있죠. 여기에서 한 번 합해서 만든 글자를 '초출자', 한 번 더 합한 글자를 '재출자'라고 합니다. 교과서에서 다루는 내용은 이 정도 수준에서 크게 벗어나지 않습니다.

🎓 우리가 알아야 할 것

- 자음 기본자 '감나무사요!'를 떠올리며, 다른 자음을 만든 '상형의 원리'와 '가획자' '이체자'를 기억합니다.
- 모음 기본자인 'ㆍ, ㅡ, ㅣ'는 '상형의 원리'로 만들어졌으며, '초출자'와 '재출자'는 '합성의 원리'를 통해 만들어졌음을 기억합니다.

이 영역을 같이 정리하는 이야기

이제 가장 어려운 부분이 끝났습니다. 제가 생각해도 문법은 '음운, 단어, 문장, 어휘, 한글의 창제 원리'까지 어느 하나 쉬운 부분이 없다고 생각합니다. '음운'에서는 자음과 모음의 개별적인 차이와 함께 조음 위치와 방법 등의 차이를 알고 있으면 좋습니다. '단어'에서는 우리말의 품사 분류와 함께 어떻게 단어가 만들어지는지 그 차이를 기억해야 합니다. 9품사와 함께 '단일어, 파생어, 복합어' 등의 단어를 떠올릴 수만 있어도 열심히 공부한 학생이라고 생각합니다. 그리고 '문장'에서는 기본적인 문장 성분의 차이를 파악하고, '홑문장'과 '겹문장'으로 나뉘는 것을 기억합시다. 또한 '겹문장'이 '이어진문장'과 '안은문장'으로 구분되는 것을 기억하면 훌륭하게 학습한 것입니다. 다음으로 단어의 묶음이라고 볼 수 있는 '어휘'가 어종에 따라, 환경에 따라 어떻게 다르게 사용되는지를 기억해보도록 합시다. 마지막으로 우리말의 원형인 훈민정음의 자음과 모음 기본자가 어떻게 만들어졌는지에 대해 간단하게 살펴봤습니다. 만약 기억나지 않는다면, 다시 한번 돌아가서 간단하게라도 살펴보면 좋을 것 같습니다.

참고 도서 목록

📖 듣기·말하기

구인환, 『Basic 고교생을 위한 국어 용어사전』, 신원문화사, 2021년
노미숙 외, 『중학교 국어 1-2 교과서』, 천재교육, 2018년
노미숙 외, 『중학교 국어 2-1 지도서』, 천재교육, 2018년
송진우, 『Basic 중학생을 위한 국어 용어사전』, 신원문화사, 2007년
신유식 외, 『중학교 국어 1-2 교과서』, 미래엔, 2018년
신유식 외, 『중학교 국어 1 지도서』, 미래엔, 2018년
신유식 외, 『중학교 국어 2 지도서』, 미래엔, 2018년
신유식 외, 『중학교 국어 3 지도서』, 미래엔, 2018년
이창덕, 『화법 교육론』, 역락, 2017년

📖 읽기

김춘경 외, 『상담학 사전』, 학지사, 2016년
박재현, 『국어 교육을 위한 의사소통 이론』, 사회평론, 2016년
신유식 외, 『중학교 국어 2-2 교과서』, 미래엔, 2018년
신유식 외, 『중학교 국어 3-1 교과서』, 미래엔, 2018년
신유식 외, 『중학교 국어 3-2 교과서』, 미래엔, 2018년
신유식 외, 『중학교 국어 1 지도서』, 미래엔, 2018년
이재승, 『좋은 국어 수업 어떻게 할 것인가?』, 교육사, 2009년
정제한 외, 『설명문 쓰기의 이론과 실제』, 박이정, 1998년
천경록 외, 『독서 교육론』, 역락, 2022년

📖 쓰기

노미숙 외, 『중학교 국어 1-1 교과서』, 천재교육, 2018년
박영민 외, 『작문 교육론』, 역락, 2016년

박영목 외, 『중학교 국어 1-2 교과서』, 천재교육, 2018년
박영목 외, 『중학교 국어 3-1 교과서』, 천재교육, 2018년
박영목 외, 『중학교 국어 3-2 지도서』, 천재교육, 2018년
신유식 외, 『중학교 국어 1-2 교과서』, 미래엔, 2018년
신유식 외, 『중학교 국어 2 지도서』, 미래엔, 2018년
신유식 외, 『중학교 국어 3 지도서』, 미래엔, 2018년
이재승, 『좋은 국어 수업 어떻게 할 것인가?』, 교육사, 2009년

📖 문학

강승원 외, 『해법 문학 현대소설』, 천재교육, 2014년
강승원 외, 『해법 문학 현대시』, 천재교육, 2014년
강영준, 『국어 선생님도 궁금한 101가지 문학질문사전』, 북멘토, 2013년
노미숙 외, 『중학교 국어 2-2 지도서』, 천재교육, 2018년
송진우, 『Basic 중학생을 위한 국어 용어사전』, 신원문화사, 2007년
윤여탁 외, 『시와 함께 배우는 시론』, 태학사, 2014년
조남철 외, 『현대 소설론』, 한국방송통신대학교출판문화원, 2008년
한용환, 『소설학 사전』, 문예출판사, 2009년

📖 문법

구본관 외, 『한국어 문법 총론 1』, 집문당, 2015년
구본관 외, 『한국어 문법 총론 2』, 집문당, 2016년
국립한글박물관, 『훈민정음 표준 해설서』, 2018년
박영목 외, 『중학교 국어 3-1 교과서』, 천재교육, 2018년
신유식 외, 『중학교 국어 1-2 교과서』, 미래엔, 2018년
신유식 외, 『중학교 국어 2-1 교과서』, 미래엔, 2018년
신유식 외, 『중학교 국어 3-2 교과서』, 미래엔, 2018년
신유식 외, 『중학교 국어 3 지도서』, 미래엔, 2018년
이광호, 『어휘와 의미』, 제이앤씨, 2008년

고등 국어 1등급을 위한
중학 국어 만점공부법

초판 1쇄 발행 2022년 8월 2일

지은이 | 서정재
펴낸곳 | 믹스커피
펴낸이 | 오운영
경영총괄 | 박종명
편집 | 양희준 최윤정 김형욱 이광민
디자인 | 윤지예 이영재
마케팅 | 문준영 이지은 박미애
등록번호 | 제2018-000146호(2018년 1월 23일)
주소 | 04091 서울시 마포구 토정로 222 한국출판콘텐츠센터 319호(신수동)
전화 | (02)719-7735   팩스 | (02)719-7736
이메일 | onobooks2018@naver.com   블로그 | blog.naver.com/onobooks2018
값 | 16,000원
ISBN 979-11-7043-325-5 53700